# 알고 싶은 가톨릭 신학 I
### 가톨릭 신자들을 위한 교리서

# 알고 싶은
# 가톨릭 신학

가톨릭 신자들을 위한 교리서

I

조한규 지음

성서와함께

NIHIL AMORI CHRISTI PRAEPONERE

| 차례 |

들어가는 말　　　　　　　　　　　　　　　　　　　　　08

# 01
# 그리스도교
## CHRISTIANITY

| 1. 그리스도교란 무엇인가? | 18 |
| 2. 믿음이란 무엇인가? | 24 |
| 3. 그리스도교의 인간 이해 | 30 |
| 4. 인간이란 무엇인가? | 36 |
| 5. 창세기의 내용은 사실인가? | 41 |
| 6. 죄란 무엇인가? | 49 |
| 7. 그리스도교의 신경信經 | 55 |
| 8. 가톨릭교회의 중심 -성경聖經과 성전聖傳- | 62 |
| 9. 구약성경과 신약성경은 같은 내용인가? | 68 |
| 10. 가톨릭교회의 구성 -바티칸, 교구, 본당- | 74 |
| 11. 성직자, 수도자, 평신도 | 80 |
| 12. 기도는 반드시 필요한가? -기도와 전례- | 87 |

# 02 하느님
## GOD

1. 하느님은 누구이신가? ... 96
2. 하느님은 정말 계신가? ... 102
3. 하느님의 다양한 이름 ... 108
4. 구약의 하느님과 신약의 하느님은 다른 분인가? ... 114
5. 하느님은 한 분? 세 분? ... 120
6. "하느님은 사랑이십니다"(1요한 4,16) ... 126
7. 구원이란? -하느님의 은총을 통해서- ... 132
8. "믿음은 들음에서 오고"(로마 10,17) ... 138
9. 하느님이 주시는 은총, 평화, 구원 ... 144
10. 죽은 다음에 나는? -부활, 재림, 그리고 구원- ... 149
11. 연옥은 존재하는가? ... 155
12. 무신론과 가톨릭교회의 답변 ... 162

# 03
# 예수 그리스도
## JESUS CHRIST

1. 왜 예수님은 인간이 되셨는가? — 170
2. 그리스도교의 중심인 하느님 말씀 — 176
3. 예수님 복음의 핵심, 하느님 나라 — 181
4. 왜 최후의 만찬이 중요한가? — 187
5. 왜 예수님은 십자가에 못 박혀 돌아가셔야 했나? — 193
6. 예수님의 구원 사업 -수난, 죽음, 부활- — 199
7. 예수님의 부활을 어떻게 이해할 수 있나? — 205
8. 참된 그리스도인 — 212
9. 구원은 모든 이를 위해? 많은 이를 위해? — 218
10. "진리가 너희를 자유롭게 할 것이다"(요한 8,32) — 223
11. 다른 종교를 통해서도 구원이 가능한가? — 228
12. 이단과 사이비 — 234

/들어가는 말/

1. '익명의 그리스도인'이라는 말 들어보셨을 것입니다. 간단히 설명하면, 비록 세례를 받지는 않았지만 올바르고 착하게 살면 그리스도인처럼 인정받을 수 있고, 구원받을 수 있다는 내용입니다. 이 이론은 원래 초기 그리스도교 시절부터 있었는데, 20세기 중반에 독일의 세계적인 가톨릭 신학자인 카를 라너(Karl Rahner, SJ 1904-1984)가 다시 정리하였습니다.

라너는 인간이 하느님의 모상으로 창조되었다는 창세기의 가르침에 근거하여, 모든 인간 안에 인간의 본성을 뛰어넘는 '초본성적인 실존'이 있다고 보았습니다. 즉 초본성적인 실존이란, 인간을 하느님께 향하게 하고 은총으로 향하게 하는 능력이 모든 인간 안에 내재되어 있다는 것입니다. 예를 들어 인간이 선한 의지나 양심을 갖게 되는 것이 그 근거이며, 이 초본성적인 실존의 능력으로 인간은 하느님을 만날 수 있고, 하느님과 통교할 수 있으며, 세례를 받지 않았어도 하느님 뜻대로 살 수 있습니다. 따라서 '익명의 그리스도인' 이론에 따르면 비그리스도인일지라도 구원이 가능한 경우가 있는데, 첫째, 초본성적 실존이 제대로 작용할 때, 둘째, 자기 탓 없이 그리스도를 모르지만 착하고 올바르게 살 때(예를 들어, 예수가 세상에 오기 전에 살았던 사람들처럼)입니다. 이와 같은 경우라면, 하느님의 보편적인 구원 의지 때문에 세례와 신앙 없이도 구원이 가능하다는 것입니다.

 라너의 주장은 매우 설득력이 있어서 많은 사람의 지지와 응원을 받았습니다. 그런데, 정말 라너의 말처럼 초본성적 실존에 따라 살면 세례 받지 않고, 그리스도를 몰라도 구원이 가능할까요? 만일 구원의 조건이 착하고 올바르게 사는 것이라면, 굳이 세례를 받고 교회에 소속될 필요가 있을까요? 이 문제에 대한 가톨릭교회의 답변은 무엇일까요?

 먼저, 하느님의 모상으로서의 인간에게 초본성적인 실존, 즉 하느님의 영이 모든 인간 안에 주어져 있다는 것은 성경의 가르침입니다. 동시에 성경은 인간에게 주어진 하느님의 모상이, 인간이 저지른 죄(원죄) 때문에 훼손되었다고 이야기합니다. 즉 '익명의 그리스도인' 이론은 원죄 문제를 해결하지 않습니다. 원죄는 인간의 불순종에 의해 생겨났으며, 인간의 자유의지와 영혼 문제와 깊은 관련이 있습니다. 원죄 문제를 해결하려면 그리스도의 도움과 교회의 중재가 필요합니다. 교회는, 세례를 통해서만 원죄로부터 정화된다고 가르칩니다. 하느님 모상으로서 모든 인간이 지닌 영적 능력과 이성적 능력은 인정하지만, 신앙과 세례의 중요성이 반드시 강조되어야 한다는 것이 가톨릭교회의 가르침입니다.

만일 세례 없이 구원이 가능하다고 주장한다면 교회에서 거행되는 성사가 간과될 수 있습니다. 성사는 가톨릭교회에서 매우 중요합니다. 성사가 중요한 이유는 우리가 성사를 통해 그리스도를 만나고, 그리스도의 현존을 체험하기 때문입니다. 이 책 전체에서 다룰 가장 중요한 내용은 하느님의 말씀이신 예수 그리스도가 참하느님이고, 참인간이라는 것, 그리고 예수 그리스도를 알고 믿는 것이 구원의 결정적인 요소라는 것입니다. 따라서 그리스도를 체험하는 것, 즉 하느님의 말씀을 체험하는 성사, 그중에서도 성체성사가 얼마나 중요한지, 또 하느님 말씀을 기록한 성경이 얼마나 중요한지를 이 책에서 설명할 것입니다.

그리스도교의 가르침은 언제나 예수 그리스도가 중심이 되어야 하고, 인간에게 은총과 행복과 구원은 다름 아니라 항상

'그리스도를 통하여, 그리스도와 함께, 그리스도 안에서' 가능합니다. 신학과 교리의 가장 중요한 핵심은 '그리스도 중심성'입니다. 그리스도교의 가장 깊은 본질은 역사적으로 우리와 함께 사셨던 예수님에게 있음을 설명하고 해설하는 것이 이 책의 주된 목적입니다.

2. 위에서 설명한 '익명의 그리스도인' 이론은 한 번쯤 들어보셨을 것이고, 내용도 대략 아실 것입니다. 이 책에서는 한 번쯤 들어봤고, 대충 아는 내용들을 좀 더 분명하고 구체적으로 다루려고 합니다. 특히 그에 대한 가톨릭교회의 공식적 가르침을 알려드리고자 합니다. 다양한 신학과 교리를 가톨릭교회의 가르침에 근거해서 다룰 것입니다.

현재 한국 가톨릭교회 내에는 신학 전문 서적도 많지 않고, 게다가 신학을 전문적으로 배우지 않은 일반 신자들이 접하기에 마땅한 교리서는 더욱 구하기 어렵습니다. 그래서 신앙생활에 열심인 일부를 제외하면, 대부분의 신자들은 예비자 교리 시간에 배운 내용이나 강론 중에 듣게 되는 교리 이상을 알지 못합니다. 가톨릭교회가 지난 2천 년 동안 쌓아온 귀하고 아름다운 보화들이 바로 우리 곁에 있는데 미처 알아보지 못하고 활용하지 못하는 것이 참 아쉬웠습니다. 또한 오늘날 많은 사람이 여러 거짓 예언자들(?)의 주장에 쉽게 현혹되는 상황이 너무 안타까웠습니다.

　이 책은 가톨릭 신학을 설명하고 해설하는 가톨릭 신학 입문서인 동시에 신자들을 위한 교리서입니다. 이 책에서는 어려운 신학과 교리를 차례대로 일별하지 않고, 이야기식으로 쉽게 풀어가고자 했습니다. 그리고 신학을 전공하는 사람이나 이전에 신학을 배웠던 사람은 물론, 아직 신학을 배운 적이 없는 사람도 이 책을 통해 가톨릭 신학과 교리를 제대로 알고 이해할 수 있도록 포괄적인 독자층을 염두에 두고 글을 썼습니다. 물론 쉽지는 않았습니다. 저의 이러한 의도와 노력이 얼마나 잘 전달될지 모르겠으나, 많은 분의 진심 어린 조언과 충고를 부탁드립니다. 저는 앞으로도 '가톨릭교회의 신학'을 좀 더 쉽게, 좀 더 적합하게, 좀 더 설득력 있게 풀어가기 위해서 계속 노력하려 합니다.

3. 이 책은 총 두 권으로 기획되었는데, 그중 제1권에서는 그리스도교, 하느님, 예수 그리스도가 중심 주제입니다. 제1권은 1, 2, 3부로 구분되는데, 제1부에서는 '그리스도교란 무엇인가?'라는 질문에서 출발하여 하느님 계시의 두 중심인 '성경'(聖經, Biblia Sacra)과 '성전'(聖傳, Tradito: 교회의 전통과 가르침)이 증언하는 다양한

주제에 대해 해설합니다. 제2부에서는 '하느님'이라는 주제 하에 역사적·신학적으로 하느님의 존재와 계시에 대해서 어떻게 이해해왔는지를 풀어 썼습니다. 제3부에서는 '예수 그리스도'라는 주제를 다룹니다. 우리가 믿는 그리스도교의 출발점이며 중심이자 결론이 예수 그리스도인데, 도대체 왜 그런 것인지, 왜 예수 그리스도 없이는 그리스도교가 성립될 수 없는지에 대해서 중점적으로 설명했습니다.

이 책에서는 3개의 큰 주제를 각각 12개의 소주제로 구분해서 다루었습니다. 해당하는 모든 내용을 다루기보다 신학적·교리적으로 중요한 사항들, 반드시 알아야 할 사항들을 선정해서 신학적으로 해설하였습니다. 그러므로 여기서 다루는 주제들은 당연히 중요한 내용이지만, 이 외에도 신학적으로 중요한 주제들은 매우 많습니다.

지금 준비 중인 제2권에서는 성령, 교회, 마리아, 성사 등에 대해서 다룰 예정입니다. 성령의 존재와 의미에 대한 가톨릭교회의 이해와 해석에 대해서, 교회가 왜 반드시 필요하고 가톨릭교회가 왜 중요한지에 대해서, 그리고 성모 마리아에 대한 중요한 쟁점들, 즉 성모 마리아가 가톨릭교회에서 왜 중요한가, 왜 특별한 공경을 해야만 하는가 등의 문제를 신학적으로 다룰 것입니다. 또한 중요한 주제인 성사와 관련해서 성사란 무엇이고,

왜 중요한가에 대해서도 다룰 예정입니다. 제2권의 주제들 역시 가톨릭교회의 가장 핵심적인 신학과 교리입니다.

끝으로 이 책이 나오기까지 수고해주신 많은 분께, 특히 '성서와 함께' 출판사에 각별한 감사 인사를 드립니다.
제 수호성인이신 베네딕토 성인의 말씀으로 제가 이 책을 쓴 의도와 방향, 그리고 독자들에게 하고 싶은 말을 다시금 되새기고 싶습니다.

**Nihil amori Christi praeponere.**
아무것도 그리스도에 대한 사랑보다 더 낫게 여기지 마십시오.

2020년 5월
혜화동 신학교에서
조한규 신부

그리스도교란 인간의 근본적인 물음,
즉 인간의 삶과 죽음, 그리고 삶의 의미와 목적에 대해서
예수 그리스도를 통해서 그리스도 안에서 그리스도와 함께 답을 찾고,
마침내 구원을 얻는 종교이자 신앙입니다.

# 01 그리스도교
## CHRISTIANITY

1. 그리스도교란 무엇인가?
2. 믿음이란 무엇인가?
3. 그리스도교의 인간 이해
4. 인간이란 무엇인가?
5. 창세기의 내용은 사실인가?
6. 죄란 무엇인가?
7. 그리스도교의 신경信經
8. 가톨릭교회의 중심 -성경聖經과 성전聖傳-
9. 구약성경과 신약성경은 같은 내용인가?
10. 가톨릭교회의 구성 -바티칸, 교구, 본당-
11. 성직자, 수도자, 평신도
12. 기도는 반드시 필요한가? -기도와 전례-

# 그리스도교란 무엇인가?

그리스도교는 세계의 대표적인 종교 중 하나입니다. 그런데, 과연 '종교'란 무엇인가요?

종교의 한자를 보면, '宗教', 즉 '최고의 가르침'입니다. 그런데 종교를 의미하는 서양 언어인 'religion'의 어원을 살펴보면 're'(다시) + 'legere'(묶다), 즉 '다시 묶다' 또는 '다시 연결하다'라는 뜻입니다. 이처럼 '종교'가 지닌 근본적인 의미는 하느님과 인간을 연결하는 데 있습니다. 종교란 무엇인가, 종교는 과학 혹은 다른 학문이나 사상과 어떻게 다른가에 대해 우리는 질문하고 답할 수 있습니다.

종교가 지닌 고유한 역할, 종교만이 지닌 특별함이 있습니다. 그것은 바로 인간이 지닌 가장 근원적인 문제들, 예를 들어, '인간은 어디에서 왔고 죽음 후에는 어디로 가는가?', '내 삶의 의미는 무엇인가?', '사는 것은 죽는 것보다 더 나은가?'와 같은 문제들에 대해 묻고 답한다는 사실입니다. 과학은 인간의 삶을 편리하고 윤택하게 해줍니다. 예를 들어, 과학은 더 빠른 비행기로 더 안전하게 이동하도록 인간을 도와줍니다. 하지만 더 빠르게 이동하고, 더 많은 곳을 여행하는 것이 인간을 참으로 행복하게 해줄 수 있는가 하는 문제는 과학의 영역이 아니라, 철학의 영역과 관련됩니다. 철학적 사유를 통해 이러한 문제에 대해 묻고 답할 수 있으며, 종교는 이를 통해 얻은 확신으로 인간의 근본적이고 영원한 행복에 대한 답을 제시합니다.

종교 중 일부를 우리는 신앙이라고 부릅니다. 신앙은 절대자 혹은 초월자라고 부르는 신神이 중심입니다. 예를 들어, 불교는 종교입니다. 스스로의 깨달음을 통해 자력으로 구원에 이르는 대표적인 종교입니다. 그런데 그리스도교는 하느님의 절대적인 주도권, 즉 모든 것이 하느님이 중심인 신앙입니다. 우리가 수많은 종교 중에 신앙이라고 부를 수 있는 대표적인 형태는 유다교, 그리스도교, 이슬람교 등입니다. 이 세 종교(또는 신앙)는 뚜렷한 공통점이 있습니다. 바로 아브라함이라는 공통분모를 지닌 유일신 종교입니다. '아브라함의 세 유일신 종교'에서 그리스도교가 믿는 하느님은 구약의 이스라엘 백성, 즉 유다교에서 믿던 야훼 하느님과 같은 분입니다. 그리고 이슬람교가 믿는 '알라'[Allah, Al(=The) + Lah(=God)] 역시 유다교가 믿는 그 유일한 하느님과 같은 분입니다. 차이가 있다면, 그리스도교의 하느님은 '성부와 성자와 성령의 삼위일체 하느님'이라는 점입니다. 이에 대해서는 뒤에 자세히 말씀드리겠습니다.

　모든 신앙은 하느님이 절대적으로 중요하기 때문에, 하느님이 인간에게 알려주신 내용, 즉 '계시啓示'가 중심입니다. 계시란 '하느님께서, 하느님에 대해 알려준 내용'이라고 정리할 수 있습니다. 모든 계시는 하느님이 인간에게 당신을 드러내시고, 당신의 구원 계획을 알려주시는 내용입니다. 그리스도교에 주어진 가장 구체적인 하느님의 계시는 바로 '성경聖經'과 '성전聖傳'입니다.

　그리스도교에는 여러 분파가 있는데, 우리가 속한 가톨릭교회(정식 명칭은 '로마 가톨릭')는 그 분파 중 하나입니다. 우리나라에서 '가톨릭교회'는 '천주교', '성당', '구교舊敎' 등으로 불리기도 합니다. '가톨릭'(catholica)이라는 단어는 '보편된', '일반적인', '누구에게나 해당되는' 등의 뜻을 지닙니다. '천주교'라는 이름은 16세기경 가톨릭교회가 동양에 전래되면서, 하느님(Deus)이라는 개념을 하늘(天)과 연결하여 '천주天主'라는 이름으로 썼고, 이후 '천주교' 내지 서양 학문이라는 뜻에서 '천주학'이라고 불렀습니다.

　간혹 '개신교 = 기독교', '가톨릭 = 천주교'라고 하는 경우가 있는데, 이는 잘못된 사례입니다. '그리스도'(Christus)를 한자로 음독한 것이 '기독基督'이기 때문입니다. 그러므로 가톨릭교회(서방 교회), 정교회(동방 교회), 개신교회는 모두 그리스도교 또는 기독교라고 부를 수 있습니다.

'그리스도교란 무엇인가?' 이 물음에 대한 가장 완벽한 답은 초대 교회의 세례식에서 행해진 교육 내용에 담겨 있습니다.

> "그리스도교란 우상을 멀리하고, 예수 그리스도를 통해서,
> 한 분 하느님을 섬기는 것이다!"*(리옹의 이레네우스)*.

위의 말에서 그리스도교를 규정하는 내용은 크게 세 가지입니다. 이 내용이 그리스도교에 대한 가장 완벽한 설명이라고 할 수 있습니다.

### 첫째, 그리스도교는 '우상을 멀리하는 것'입니다.

'우상'(偶像, Idol) 숭배란 하느님이 아닌 것을 하느님처럼 여기는 모든 태도를 가리킵니다. 예를 들어 인간 자신의 능력에 대한 지나친 믿음, 돈과 재물에 대한 집착, 혹은 과학과 기술에 대한 만능주의 등은 결코 하느님의 자리를 대신할 수 없는데, 오늘날에는 이 모든 것이 마치 하느님처럼 여겨지고 있습니다. 따라서 모든 우상을 멀리하는 것이 그리스도교 신앙의 첫 단계입니다. 재물이나 과학을 무조건 멸시하고 거부하라는 뜻이 아니고, 그것을 마치 하느님처럼 여겨서는 안 된다는 뜻입니다.

### 둘째, 그리스도교는 '그리스도를 통해서' 완성됩니다.

가장 중요하고 핵심적인 내용입니다. '그리스도'교라는 이름에서 알 수 있는 것처럼 그리스도교 신앙의 모든 것은 그리스도를 통하여, 그

리스도 안에서, 그리스도와 함께 알려지고, 이루어지며, 완성됩니다. 붕어빵에는 붕어가 없어도 되고, 칼국수에는 칼이 안 들어가도 되지만, 그리스도교에서는 반드시 '그리스도'가 그 중심과 핵심에 있어야 합니다. 반드시! 꼭! 필수적으로! 언제나! 그리스도교의 출발점이자, 핵심이며, 결론은 예수 그리스도입니다. 너무나 당연한 이 이야기가 지난 2천 년 동안 자주 잊히거나 왜곡되었고, 그래서 수많은 이단이 오늘날에도 활개를 치고 있습니다.

### 셋째, 그리스도교는 '한 분 하느님을 섬기는 것'입니다.

그리스도교는 예수 그리스도를 통해 알게 된 하느님, 즉 '한 분이신 하느님'을 믿고 따릅니다. "이스라엘아, 들어라! 주 우리 하느님은 한 분이신 주님이시다"(신명 6,4). 이 말씀은 구약의 이스라엘 백성은 물론이고 신약의 그리스도인들에게도 여전히 유효하고 중요한 말씀입니다.

그리스도교란 인간의 근본적인 물음, 즉 인간의 삶과 죽음, 그리고 삶의 의미와 목적에 대해서 예수 그리스도를 통해서 그리스도 안에서 그리스도와 함께 답을 찾고, 마침내 구원을 얻는 종교이자 신앙입니다. 구약의 이스라엘 백성을 통해 알게 된 하느님의 존재는 신약의 예수 그리스도를 통해서 분명해지고 확실해졌습니다.

그리스도교는 예수 그리스도를 통해서 하느님을 만나고, 믿고, 영원한 생명을 얻는 신앙입니다. 하느님과 함께할 때 인간은 행복할 수 있고, 하느님과 하나 될 때 인간은 영원한 생명을 얻습니다. 요한복음서 1장에서는 예수님을 하느님의 '말씀', 즉 '로고스(logos)'라고 합니다. 로고스는 인간에게 생명을 주는 말씀입니다. 바로 이 '말씀'(logos)을 인간이 서로 나누는 것이 '대화'(dialogos)이고, 이 대화를 통해서 하느님과 인간 사이의 친교, 인간 상호 간의 친교가 이루어집니다. 그리스도교는 '말씀'을 통해서 하느님과 인간 사이의 친교의 '대화'를 이끌어갑니다. 예수 그리스도가 우리 인간을 하느님께로 이끄는 길이고, 진리이며, 생명이라고 믿는 바로 그 신앙이, 곧 그리스도교입니다.

## 2

# 믿음이란 무엇인가?

2017년 개봉한 마틴 스코세이지 감독의 [사일런스(Silence)]는 일본의 세계적인 가톨릭 문학가인 엔도 슈사쿠(1923-1996)의 소설 《침묵》(沈默, 1966)을 영화화한 작품입니다. 오늘날 일본 가톨릭은 교세가 매우 빈약하지만, 사실 오랜 역사를 가지고 있습니다. 16세기에 일본에 전래된 가톨릭은 교세가 매우 빠르게 확장되었습니다. 그 이유는 가톨릭과 함께 들어온 서구 문물을 통해 발전을 기대할 수 있었고, 가톨릭이 당시엔 파격적인 평등사상을 주창했기 때문입니다. 하지만 같은 이유 때문에 가톨릭은 일본 국가체제에 위협이 되었고, 이후 약 250년간 박해가 일어났으며 대략 4-5만 명 정도의 가톨릭 신자가 순교의 길을 가야 했습니다. 그러니 '순교자의 나라'라는 표현은 일본 가톨릭교회에 적합하다고 할 수 있겠지요.

엔도 슈사쿠는 박해 당시 일본 그리스도교 신자들과 선교사들의 삶과 신앙에 주목하였습니다. 특히, 신자들이 배교하도록 유혹하고 강요하였던 대표적인 상징이 '후미에'였습니다('밟는 그림'이라는 뜻이며, 이 후미에를 밟는 행위를 '에부미', 즉 '그림 밟기'라고 부름). 이는 예수상이 새겨진 동판인 후미에를 밟는 것이지요. 오늘날의 정서와 상황에서는 후미에라는 행위가 '그럴 수도'(!) 있는 일이지만, 당시 그리스도인(기리시탄, キリシタン)에게 그 행위는 자신이 가장 신뢰하는 사람, 자신이 가장 아름답다고 여기는 사람, 자신이 이상으로 여기는 사람의 얼굴을 밟는 것이었습니다. 당시 기리시탄들뿐 아니라 목자들까지도 그러한 선택을 강요받았습니다. 목자들이 후미에를 하고 배교하면 신자들을 살릴 수 있지만, 본인은 배교자로서 괴로운 삶을 살아야 합니다. 만일 순교를 선택한다면 본인은 신앙을 증거하지만, 신자들과 그 가족은 고통스럽게 죽어가야 했습니다.

이런 경우, 어떻게 하면 좋을까요? 여러분이라면 어떤 결정을 내리시겠습니까? 끝까지 신앙을 지키시겠습니까, 아니면 눈 질끈 감고 예수님 얼굴이 새겨진 동판을 지르밟고 가시겠습니까? 엔도 슈사쿠는 소설에서, '침묵'이라는 주제를 두 가지 측면으로 고찰합니다. 한편으로는 고통스러운 세상에서 침묵하시는 하느님에 대해 생각하고, 다른 한편으로는 역사 속에서 신앙 때문에 침묵한 채 고민했던 많은 신앙인의 모습에 주목합니다. 영화에서 신앙의 고통이 지닌 무게가 인상적으로 표현된 장면이 있는데, 바닷가에서 평신도 세 명이 십자가에 매달린 채 익사 직전의 고통 속에서 하느님께 이렇게 말합니다. "인간은 이렇게 슬픈데, … 주여, 바다가 너무나 푸릅니다."

왜 하느님은 인간의 고통과 슬픔 앞에 이토록 침묵하고 계신가? 그저 침묵하고 계시는 하느님께 내 모든 것을 맡기고, 그분을 믿어도 되는 것일까?

우리는 주위에서 고통과 슬픔, 특히 무죄한 이들이 고통받는 상황을 자주 보게 됩니다. 또 하느님 앞에서는 죄 많은 인간일지라도, 그 역시 누군가의 자식이고, 이를 바라보는 부모의 마음은 더 괴로울 텐데, 세상에는 왜 이리 고통이 많을까요? 가끔 어린이 병동을 방문하여 통증으로 괴로워하는 어린아이 옆에 있는 젊은 부모의 모습을 볼 때면, 제가 알고 있는 신학적인 지식들이 그 순간에는 아무 쓸모가 없음을 깨닫게 됩니다. 믿지 않는 사람들이 너희가 믿는 하느님은 어디 계시냐고 조롱하고 의심하는 것은 참아 견딜 수 있는데, 하느님에 대한 믿음을 가진 사람들이 고통 중에 의심하고 힘들어할 때는 적당한 위로의 말을 찾기 어렵습니다. 지금 겪는 고통을 통해서 결국엔 더 큰 기쁨을 얻으리라는 위로, 고통은 우리가 하느님께 가까이 가는 데 도움을 주리라는 격려는 틀린 말이 아닙니다. 그렇다 하더라도 더 큰 기쁨을 얻기 위해 지금의 고통을 잘 참고 견디라는 말을 받아들이기 힘든 상황이 있습니다. 아직 믿음이 단단하지 못한 사람들이 하느님을 끝까지 믿고 따르는 신앙의 길을 가는 것은 쉽지 않습니다. 하지만, 신앙의 길은 편하고 쉬운 길이 아니라, 의미 있고 가치 있는 삶입니다. 우리가 가야 할 신앙의 길, 신앙이란 과연 무엇일까요?

　신약성경의 많은 서간을 저술한 사도 바오로는 '믿음'을 의미하는 단어로 'Πίστις'(pistis)를 골라 썼습니다. 이 단어는 '주관적으로는 확고하고 확실하나, 객관적인 근거는 미약한 것, 비지성적인 행위'를 의미할 때 주로 사용된 말입니다. 예를 들어, 하느님의 존재, 예수의 부활과 승천 등은 '믿음'의 행위입니다. 객관적으로 확증할 수는 없지만, 자기 삶의 선택과 확신에 따라 믿는 것입니다. 바오로 사도는 특히 예수 그리스도의 행위에 대한 '믿음'을 강조하며 이 단어를 자주 사용했습니다(하느님의 말씀 = 예수의 말씀과 행적 = 복음 = 진리 = 예수 그리스도). 따라서 우리에게 믿음이란, 하느님을 향한 길·진리·생명이신 예수 그리스도께 순응하고 순종하는 것입니다.

　믿음(신앙)이란 우리가 이성적으로 알 수 없는 하느님의 진리를 계시에 근거해서 무조건 받아들이는 것입니다. 신앙이란 우리가 우리의 머리로는 절대 이해할 수 없는 하느님을 우리 마음 가장 깊은 곳에 품고 평생을 사는 것입니다. 사실 신앙은 우리가 찾아내는 것이 아니라 전적으로 하느님이 주시는 선물이기에 우리가 진심으로 청할 때 얻을 수 있습니다. 신앙은 자신의 힘으로는 어쩌지 못하는 삶과 죽음을 하느님의 힘과 은총으로 살고 받아들이겠다고 결심하는 것이며, 하느님의 부르심에 응답하는 것입니다. 하느님의 부르심과 초대에 인간이 자유롭게 응답하도록 하느님께서는 기다려주시고 결국 구원으로 이끌어주십니다. 신앙에 있어서 하느님의 주도권이 중요하지만 인간의 자유로운 응답도 중요합니다.

그리스도교 신앙은 무조건적인 믿음을 강요하는 것이 아니라, 인간의 선택과 자유를 존중하는 믿음이라는 데, 그 근본적 특성이 있습니다. 그리스도교 신앙의 핵심 내용은 면벽수행을 통해서 얻은 깨달음이 아니라, 이스라엘 백성이 수천 년 동안 하느님을 만나고 체험하며 얻은 깨달음입니다. 그리스도교 신앙은 하느님의 아들이신 예수님이 직접 인간이 되시어, 인간 눈높이에서 살고, 기도하며 가르쳐주신 내용입니다. 하느님께서는 당신을 믿을 수 있도록 우리를 이끌어주시고, 동시에 우리의 '자유로운 선택과 순종'을 원하십니다. 그래서 아우구스티누스 성인은 '신앙이란 다름 아니라 동의하며 생각하는 것'(Credere nihil aliud est cum assensione cogitare)이라고 표현했습니다.

그리스도교는 올바른 신앙을 위해서 인간이 지닌 자유와 이성의 중요성을 강조합니다. 즉 이성의 도움을 통해 올바른 신앙이 이뤄지길 추구합니다. 하지만, 개신교는 가톨릭교회와 약간 차이가 있습니다. 예를 들어, 종교개혁을 촉발했던 독일의 마르틴 루터는 인간의 이성은 율법을 인식하고, 신앙은 복음을 인식하게 해준다고 주장합니다. 기본적으로 이성과 신앙을 구분하고, 신앙의 절대적 우위를 주장합니다. '신앙이 중심이 된 인식의 절대성'이 중요하다고 강조합니다.

이에 대한 가톨릭교회의 입장은 무엇일까요? 가톨릭교회 역시 신앙의 중요성, 신앙의 우위를 당연히 강조합니다. 하지만, 신앙의 절대적인 우위만을 강조하면, 하느님 앞에 선 인간은 꼭두각시일 뿐이고, 인간은 자신의 구원을 위해서 할 일이 거의 없습니다. 따라서 가톨릭교회는 '인식이 강조되는 신앙', 즉 하느님의 말씀을 이해하려는 노력, 그리고 자발적인 선택과 순종을 강조합니다. 물론, 개신교회나 가톨릭교회 모두 동일한 그리스도교이기 때문에, 차이점도 있지만, 더 큰 공통점이 있습니다. 하느님을 아는 것(이성)과 하느님을 사랑하는 것(신앙) 중에서 더 중요한 것은 당연히(!) 하느님을 사랑하는 것입니다. 단지, 하느님을 알아야만 하는 이유는 하느님을 더 잘 사랑하기 위해서, 더 잘 믿기 위해서입니다. 하느님에 대해 잘 알면, 더 잘 사랑할 수 있습니다. 물론 하느님에 대해 잘 알아야만, 즉 신학 지식이 풍부해야 하느님에 대한 신앙이 더 깊어지는 것은 결코 아닙니다. 오히려 그 반대의 경우도 많습니다. 하지만 요즘처럼 그리스도교에 대한 거짓된 가르침이 판치는 세상에서는 하느님에 대한 올바른 이해가 매우 중요합니다. 한 분이신 하느님을 믿는다는 것은 인간 존재에 대한 가장 깊고 정확한 답이 그분 안에 있음을 아는 것입니다. 믿음이란 인간의 과거와 현재와 미래에 대한 답입니다.

# 3

## 그리스도교의 인간 이해

20세기 가장 위대한 신학자 중에 한스 우르스 폰 발타자르(Hans Urs von Balthasar, 1905-1988)라는 스위스 출신의 가톨릭 신학자가 있습니다. 한국에는 비교적 덜 알려졌지만, 세계 최고의 신학자 중 한 명입니다. 19세기 말, 20세기 초에는 아담 묄러, 에릭 프르치바라, 앙리 드 뤼박, 이브 콩가르, 로마노 과르디니 등 쟁쟁한 가톨릭 신학자들이 많았습니다. 발타자르 역시 이 중 한 명으로 신학 역사에 한 획을 그은 분입니다. 원래 문학을 전공하여 독문학 박사학위를 받았는데, 취미(?)로 신학을 공부했고, 결국엔 엄청난 신학적 업적을 남깁니다. 이분이 쓴 가장 유명한 작품은 총 15권으로 이루어진 《삼부작》(三部作, *Triologie*)입니다. 제1부 《하느님의 영광》(*Herrlichkeit. Eine theologische Ästhetik*,

전7권), 제2부 《하느님의 드라마》(*Theodramatik*, 전5권), 제3부 《하느님의 논리》(*Theologik*, 전3권) 그리고 《후기》(*Epilog*)로 구성되어 있습니다.

전통 형이상학에서는 하느님의 초월적이고 근본적인 특성을 진眞·선善·미美라고 규정합니다. 진·선·미 개념은 원래 미스코리아 선발대회에서 나온 것이 아니라, 하느님의 가장 깊은 본질을 이야기하는 형이상학의 개념입니다. 발타자르는 이 근본적인 특성에서 착안하여 하느님의 속성을 설명하는데, 진-선-미가 아니라, 미-선-진의 순서로 해석해나갑니다. 즉 《하느님의 영광》은 미美의 측면에서, 《하느님의 드라마》는 선善의 측면에서, 《하느님의 논리》는 진眞의 측면에서 각각 그리스도교 계시를 해석합니다. 이 책은 아직 한국어로 번역되지 않았는데, 기회가 된다면, 동료들과 후원자들의 도움을 받아서 꼭 한국어로 번역하고 싶은 위대한 작품입니다. 발타자르의 신학과 사상에 대해 관심이 있으신 분은 제가 쓴 책 《그리스도교 신론 연구-삼위일체론, 신론, 무신론을 중심으로》(서강대학교출판부)에서 발타자르에 관해 쓴 글을 참조하시면 되겠습니다.

제가 발타자르의 신학과 사상에 깊은 관심과 흥미를 느낀 첫 번째 이유는, 그의 신학에서 그리스도교의 가장 깊은 본질이 예수 그리스도라는 점이 뚜렷하게 드러나기 때문입니다. 고대 교회의 성 아우구스티누스의 신학과 신앙이 그랬고, 중세의 성 보나벤투라가 그랬으며, 근대 이후의 발타자르, 과르디니, 요셉 라칭거와 같은 학자들은 '그리스도교의 가장 깊은 본질이 예수 그리스도에게 있다'(그리스도 중심성)는 점을 분명하게 강조했습니다.

그리스도교 신학을 이야기하는 데서 그리스도가 중심이 된다는 사실은 당연하다고 생각하는 분들이 계시겠지만, '그리스도 중심성'은 지난 2천 년 그리스도교 역사에서 가장 뜨거운 주제 중 하나였습니다. 그리스도가 아니라 성부가 중심이어야 한다는 주장, 그리스도는 이미 승천하셨으니 이제는 성령의 시대이고, 성령이 중심이 되어야 한다는 주장 등 예전이나 지금이나 비슷하지만 다른 주장들, 강조점에 따라서 그리스도교가 달리 해석될 수 있는 주장들이 많고도 많습니다. '그리스도 중심성'이 그리스도교의 본질이자 핵심이라는 주장은 구원 사건의 절정과 완성이 바로 예수 그리스도라 보고, 그리스도교의 모든 핵심을 예수 그리스도에게 귀결시키는 것입니다. 이것은 특히 가톨릭교회에 매우 중요한 내용이기 때문에 다른 곳에서도 계속 다룰 예정입니다.

발타자르 신학에 제가 주목하는 또 다른 이유가 있습니다. 발타자르는 깊은 철학 사상을 바탕으로 그리스도교 초대 교부들의 신학과 중세의 신비주의를 접목하였는데, 그중에서도 특히 고대 그리스의 철학·문화·예술로부터 지대한 영향을 받았습니다. '그리스적인 것들'(!)의 영향 아래 그리스도교 신학을 미학적으로 해석하였습니다. 발타자르에 따르면 고대 그리스의 사상 안에 인간이 지닌 가장 보편적인 모습이 있습니다. 즉 그리스의 인간관에 인간이 찾는 삶의 의미와 목적에 대한 분명한 답이 있다고 확신했고, 이를 그리스도교에 접목하고자 노력했습니다.

고대 그리스의 인간관을 생각하면 떠오르는 가장 대표적인 모습은 '영웅'입니다. '영웅'은 보통 신과 인간의 중간 존재입니다. '영웅'이라고 해석하는 그리스어 '*heros*'는 신의 핏줄에서 태어난 반신반인半神半人을 의미합니다. 그리스 문학과 역사에 등장하는 대부분의 영웅은 전쟁 등의 위기 상황에서 보통 사람으로서는 엄두도 내지 못할 위대한 업적을 이루어냅니다. 하지만, 그들이 신과는 근본적으로 다른 점이 있는데, 바로 죽음이라는 인간의 한계입니다. 그래서 인간 생명의 유한성을 극복하고 영원히 살기 위해서 영웅들은 절대적인 명예를 얻음으로써, 후대에 영원히 기억되고자 합니다. 그들은 이 세상에서 사람들을 위해 헌신하고, 최고가 되기 위해 노력했으며, 언제나 더 높은 명예를 추구했습니다.

그러나 '지혜를 사랑하는'(*philo* + *sophia*) 사람들의 생각은 좀 달랐습니다. 명예에 대한 사랑과 뜨거운 가슴만으로는, 즉 영웅주의만으로는 인간이 추구해야 할 이상에 부족하다고 생각했습니다. 예를 들어, '철인哲人' 플라톤은 뜨거운 가슴이 아닌 냉철한 지성이 인간과 세상을 지배해야 하고, 지혜를 사랑하는 사람이 나라를 통치해야 한다고 생각했습니다. 즉 보편적이고 이상적인 인간상이란 지혜와 지성에 의해서 따뜻한 가슴이 움직이는 모습이라고 말합니다. 발타자르는, 바로 이 그리스적인 인간관과 사상에 착안하여 그리스도교와 인간을 이해합니다. 발타자르의 신학 사상에서 하느님과 인간에 대한 모든 물음의 결론은 예수 그리스도를 향합니다.

인간은 '하느님의 모상'대로 창조되었고, 따라서 인간 안에는 하느님을 닮은 점이 있습니다. 인간이 하느님과 비슷한 모습은 바로 '영靈'입니다. 하느님께서는 인간 안에 당신 숨(영, 정신)을 불어넣으셨고, 그래서 흙의 먼지로 빚어진 존재가 인간이 되었습니다. 하느님의 영은 완전한 영, 성령聖靈이시고, 인간에게는 그 일부가 주어졌지만, 바로 그 공통점을 통해 인간은 하느님을 닮은 존재가 되어 하느님을 알고 사랑할 수 있습니다. '피조물 가운데 오직 인간만이 자기 창조주를 알고 사랑할 수 있다'는 것이 가톨릭교회의 가르침입니다(《사목 헌장》 12항). 하느님을 닮은 인간은 하느님처럼 사랑을 알고, 지성에 따라 살 줄 압니다. 하느님의 본질적인 모상이신 예수 그리스도는 참되고 이상적인 인간의 본보기입니다. 예수님은 하느님의 말씀 즉 '로고스'이신데, 로고스의 의미는 세상의 지혜·원칙·이성이라고 할 수 있습니다. 하느님의 말씀에 따라 창조된 이 세상과 인간은 전적으로 하느님의 지혜·원칙·이성에 따라 움직이고 있습니다. 그래서 세상과 인간을 이해하기 위한 가장 중요한 기준은 예수 그리스도입니다.

　인간이란 어떤 존재일까요? 인간은 하느님에 의해 창조된 존재로서 하느님을 닮은 존재, 하느님의 모상입니다. 하느님의 말씀과 영으로 창조되었고, 하느님의 지혜와 지성을 통해서 완성될 수 있습니다. 이 모든 과정과 결론의 중심에 예수 그리스도가 계십니다. "그분은 보이지 않는 하느님의 모상이시며 모든 피조물의 맏이이십니다. 만물이 그분 안에서 창조되었기 때문입니다. 하늘에 있는 것이든 땅에 있는 것이든 보이는 것이든 보이지 않는 것이든 왕권이든 주권이든 권세든 권력이든 만물이 그분을 통하여 또 그분을 향하여 창조되었습니다"(콜로 1,15-16). 예수 그리스도는 하느님에 대한 모든 물음의 답이고, 인간에 대한 모든 물음의 답입니다. 그리스도교는 참인간이신 예수 그리스도에게서 인간에 대한 모든 물음과 답을 찾습니다.

# 인간이란 무엇인가?

저는 성당을 다니기 전이었던 중학교 때 이런 궁금증을 가진 적이 있습니다. '하느님은 왜 하필 에덴동산에 사과나무를 심으셔서, 또 뱀을 창조하셔서 인간이 죄를 지을 빌미를 만드셨을까? 만약에 사과나무(선악과)가 없었더라면, 뱀이 없었더라면, 첫 인간이 죄를 지었을 리도 없고, 모든 인간이 원죄의 굴레에 빠질 일도 없으며, 하느님과 좋은 관계를 유지했을 텐데, 하느님은 왜 그러셨을까?'

창세기에 나오는 인간 창조 과정을 살펴보면, 하느님께서는 당신의 모습대로 인간을 지어내셨습니다(창세 1,26-27). 또 하느님께서는 흙의 먼지로 사람을 빚으시고 당신의 숨을 불어넣어 인간을 창조하셨습니다(창세 2,7). 하느님과 인간의 공통점은 영적인 존재라는 점이고, 차이점은 하느님은 영 자체이신 성령이시고, 인간은 하느님의 영 일부가 육체와 결합된 존재라는 점입니다.

### 하느님의 모상인 인간

가장 흔한 질문이지만, 대답하기에는 가장 어려운 질문 중 하나입니다. 이 질문에 대해서 그리스도교는 창세기의 인간 창조 과정에 주목하며 '인간은 하느님의 모상'(Homo, Imago Dei)이라고 답합니다. 인간은 하느님의 모상으로 창조되었기에, 한편으로 위대하고, 다른 한편으로는 한계를 지닌 존재입니다. 17세기 프랑스의 위대한 수학자이며 신학자였던 파스칼(Blaise Pascal)은 그 유명한 '인간은 생각하는 갈대'라는 말로 인간을 규정하였습니다. 이는 인간이라는 존재가 위대함과 동시에 비참함을 지니고 있음을 의미합니다. 인간은 자신의 비참함을 알기에 위대한 존재이지만, 스스로를 넘어서는 존재를 필요로 한다는 것입니다. 그래서 파스칼은 《팡세》 제1부에서 '신 없는 인간의 비참함'에 대해 말하고, 제2부에서는 '신과 함께하는 인간의 지복至福'에 대해 다룹니다.

인간은 어떻게 행복하게 살고, 어떻게 구원될 수 있나? 처음 창조되어 하느님과 함께할 때 인간은 근심 걱정이 없었고, 아프거나 죽지도 않았습니다. 그런데 인간이 하느님의 말씀을 듣지 않고 자기 마음대로 살기 시작했을 때 불행이 시작되었습니다. 하느님이 하라는 것을 하고, 하지 말라는 것을 하지 않는 것이 인간이 행복하게 사는 길인데, 인간은 하느님을 거역합니다. 하느님이 인간에게 주신 가장 귀한 선물 중 하나가 '자유'입니다. 사랑에는 반드시 자유가 전제되어야 합니다. 진정한 사랑은 자기애가 아닙니다. 상대방을 이해하고, 인정하고, 기다려주는 것입니다. 자유 없는 사랑은 인간을 아프게 하고, 사랑 없는 자유는 공허할 따름입니다. 하느님은 인간에게 자유를 주셨기에, 인간은 자유롭게 선택하고 사랑할 수 있습니다. 그러므로 자유는 매우 소중합니다.

문밖이 위험하다고 자신이 사랑하는 자녀들을 집 밖에 못 나가게 하고, 집 안에 가둬두는 것을 사랑이라고 할 수 없습니다. 잘 가르치고 보호하면서, 사랑하는 자녀가 자유롭게 살도록 돕는 것이 사랑입니다. 하느님은 왜 이 세상에 선악과와 뱀을 창조하셨을까요? 창세기는 만일 아담과 하와가 선악과를 따 먹지 않았더라면, 만일 하느님이 뱀을 창조하시지 않았더라면, 인간이 이렇게 고생하거나 죽지 않았을 것이라고 주장하는 것이 아닙니다. 모든 인간은 한편으로는 하느님의 모상을 지닌 거룩한 존재이고, 다른 한편으로는 쉽게 유혹과 죄에 빠질 수 있는 약한 존재입니다. 창세기의 가르침은 아담과 하와 사이에 뱀이 존재하지 않을 때 에덴이 완벽한 곳이 되는 것이 아니라, 뱀을 다스릴 수 있는 성숙한 인간이 살아가는 곳이 진정한 에덴이라고 이야기합니다. 인간은 죄 많은 세계, 고통과 죽음이 지배하는 세계에 살고 있지만, 결국 하느님의 은총 속에서 살고 있기에, 하느님께 순종하며, 하느님과 함께 살아야 한다는 것입니다.

인간의 구원은 죄를 짓기 이전의 아담이 되는 것이 아니라, 예수 그리스도가 우리에게 보여주신 길·진리·생명을 따라가는 것입니다.

인간은 "보이지 않는 하느님의 모상"(콜로 1,15)이자 '하느님의 완전한 모상'(Perfecta Imago Dei)이신 그리스도 안에서 창조주를 닮도록 창조되었습니다. 원죄 때문에 인간 안에서 일그러진 하느님의 모상은 구원자이며 구세주이신 그리스도 안에서 그 본래의 아름다움이 복원되었고, 하느님의 은총으로 고귀한 품위를 지니게 되었습니다.

## "진리가 너희를 자유롭게 할 것이다"(요한 8,32)

인간은, 인간의 본래 모습을 회복할 때 참으로 인간다울 수 있고 완성에 이를 수 있습니다. 그리고 이 모든 답은 바로 진리이신 예수 그리스도 안에 있습니다. 어떻게 하면 진리를 알고, 참으로 자유롭게 되며, 완전한 행복에 이를 수 있을까요? 요한복음 8,31-32에 답이 있습니다. "너희가 내 말 안에 머무르면 참으로 나의 제자가 된다. 그러면 너희가 진리를 깨닫게 될 것이다. 그리고 진리가 너희를 자유롭게 할 것이다." 자유롭게 되기 위해 진리를 깨달아야 하고, 진리를 깨닫기 위해 예수님의 제자가 되어야 하고, 제자가 되기 위해 예수님의 말씀 안에 머물러야 합니다. 다시 말해서 예수님 안에 머무르는 것이 인간 완성의 길이자 구원의 길이고 방법이며 결론입니다.

신앙생활을 잘하는 법이 있을까요? 구원을 받을 수 있는 확실한 방법이 있을까요? 이 세상에 행복하게 잘 살 수 있는 방법이 있을까요? 네, 있습니다!

지난 2천 년 동안 그리스도교는, 이 모든 질문의 답이 바로 예수 그리스도라고 분명하게 이야기해줍니다. 예수 그리스도가 우리 삶의 길이고 진리이며 생명이라고, 이 어둡고 힘든 세상을 이기는 승리의 길이 바로 예수 그리스도라고 확실하게 말합니다.

신앙생활이란 예수님 말씀을 여러분의 귀와 마음으로 잘 듣고, 마음에 잘 새겨두며, 그 말씀 안에 머무는 것입니다. 신앙생활을 잘하는 비결은 예수님의 몸을 정성스럽게 모시는 것, 그래서 예수님이 내 안에 머무시도록 그분을 도와드리는 것입니다. 이제는 내가 사는 것이 아니라, 그리스도께서 내 안에 사시도록 그분을 도와드리는 것, 힘 빼고 조용히 머무는 것이 가장 훌륭한 신앙생활입니다. 인간은 하느님의 모상으로 창조되었기에, 인간이 완성에 이르는 길은 하느님의 '본질적인 모습'을 닮아가는 것입니다. 신앙생활은 인간이 완성을 향해 가는 길입니다. 이 길은 '내 안에 그리스도가 형성될 때까지'(갈라 4,19 참조) 그분을 믿고 따르는 것입니다.

"그리스도 우리의 평화!"(Christus Pax Nostra, 에페 2,14).

## 창세기의 내용은 사실인가?

중세 이탈리아의 조각가이자 건축가이고 화가였던 미켈란젤로 (Michelangelo, Michael 미카엘 + Angello 천사)는 수많은 걸작을 남겼습니다. 그중에서 바티칸 베드로 대성전 입구 근처에 있는 '피에타'(Pieta, 자비를 베푸소서!)상은 극찬을 받는 작품입니다. 그 당시에도 이미 아름답다는 평가와 찬사를 받았지요. 하지만 그때도 오늘날처럼 인터넷에 댓글 달듯이 '모두까기'를 하는 사람들은 있었기에, 당연히 시기와 질투가 있었고, 심지어 이렇게 뛰어난 작품이 진짜 미켈란젤로의 작품인지에 대한 의혹도 있었다고 합니다. 난데없는 작품의 진위 여부에 대한 논란으로 스트레스를 받던 미켈란젤로는 혼자 끙끙 앓으며 고민하다가, 자신의 '피에타' 작품에 몰래 자기 이름을 새기기로 결심했습니다. 그래서 모두 잠든 깊은 밤에 조용히 길을 나섰습니다. 그때 별이 빛나는 아름다운 밤하늘을 본 미켈란젤로는 문득 어떤 예술 작품보다 뛰어나고 아름다운 우주와 별을 창조하신 분은 하늘에 당신 이름을 새기지 않았다는 사실을 깨달았습니다. 미켈란젤로에게는 하느님이 온 세상의 창조주라는 믿음이 있었고, 세상 모든 것은 하느님이 창조하셨다는 확신이 있었기에, 그와 같은 깨달음이 가능했을 겁니다. 하지만 오늘날에는 많은 이가 하느님의 세상 창조 내지 창세기의 내용에 대해서 의문을 제기하고, 과학적인 설명을 요구합니다. 과학의 시대에 살고 있는 오늘날의 그리스도인은 창세기의 내용과 하느님의 세상 창조를 어떻게 바라보고 이해해야 할까요?

구약성경의 맨 처음에는 하느님께서 세상을 창조하셨다는 이야기가 나옵니다. 이 창조 이야기에 따르면, 하느님께서는 6일 만에 세상을 창조하셨는데, 여섯째 날에 인간을 창조하셨다고 합니다. 문자 그대로 이해한다면, 6일 만에 혹은 144시간 만에 세상을 창조하셨다는 의미인데, 이게 가능한 일인가요? 이해할 수 있는 내용인가요? 창세기에 나오는 세상 창조 과정과 방식을 오늘날 대부분의 사람은 더 이상 사실로 믿지 않습니다. 만일 과학자들에게 창세기에 나오는 과정대로 우주와 세상이 창조되었는가를 묻는다면 아마 코웃음만 칠 것입니다. 하지만 교회는 오랫동안 하느님에 의한 세상 창조를 믿어 왔고, 창세기의 가르침을 받아들였습니다.

    그렇다면 창세기의 내용은 모두 오래된 동화 같은 이야기 내지 그냥 과학에 무지했던 옛사람들의 '터무니없는 주장'일까요? 아니면 오늘날 신앙에 열심인 몇몇 사람들의 주장처럼 창세기의 모든 내용을 글자 그대로 믿고 받아들여야 할까요? 가톨릭교회는 하느님의 세상 창조에 대해서 뭐라고 가르칠까요?

　아우구스티누스 성인은, 창조 이야기에서 태양이 넷째 날에 만들어졌다는 사실에 근거하여, 성경에 나오는 날이 실제 하루를 뜻하지 않는다고 말합니다. 교회는 세상 창조가 오늘날 우리가 계산하는 시간으로 6일 동안, 즉 144시간 만에 이루어졌다고 가르치지 않습니다. 하지만, 창세기의 창조 설화는 여전히 의미 있고 중요한 내용입니다. 창세기의 이야기는 하느님과 세상과 인간에 대한 매우 중요한 진실을 담고 있기 때문입니다. 창세기는 사실의 기술, 즉 누가·언제·어디서·어떻게 세상을 창조하였는가를 다루는 것이 아니라, 진실 또는 진리를 진술합니다. 세상 창조는 하느님의 가장 깊은 신비를 담고 있는 상징적인 사건이라고 이야기합니다. 따라서 창조 사건은 과학의 눈이 아니라 신앙의 눈으로 봐야 하고, 신비적인 사건으로 이해해야 합니다. 인간 스스로는 하느님의 신비를 깨달을 수 없고, 하느님께서 그 깊은 의미를 알려주셔야만 알 수 있습니다.

　신약성경 중에 가장 마지막 책을 가톨릭에서는 '요한묵시록'이라 하고, 개신교에서는 '요한계시록'이라고 하는데, 두 단어의 차이는 무엇일까요? 어느 것이 더 맞는 표현일까요?

　원래 이 말은 그리스어 '아포칼립시스(*apocalypsis*, 숨은 것을 드러내다)'를 각각 다르게 번역한 것인데, 사실 중대한 차이는 없습니다. 대신

미묘한 차이는 있는데 보통 '묵시默示'라는 단어가 강조하는 바는 비유로 감추어진 것이기에 하느님이 열어주셔야 하는 것입니다. 이에 비해서 '계시啓示'라는 단어는 열 '계'를 써서, 신비를 깨우쳐 열어주는 것에 더 집중합니다. 가톨릭교회에서는 '요한묵시록'이라는 표현을 쓰는데, 이 책이 묵시문학 작품임을 강조하는 입장에서 '묵시록'이라는 이름을 선택하였습니다. 그런데, 정확한 이름을 '요한묵시록'이 아니라, 요한묵시록 1장 1절에 나오는 표현대로 '예수 그리스도의 계시'라고 해야 한다는 주장도 있습니다.

신자들에게 '계시'가 무엇이냐고 물어보면, 흔히 '감추어진 것을 드러냄'이라고 말하는데, 틀린 답은 아니지만 정확한 답도 아닙니다. 성경과 신학에서 말하는 계시란 '하느님이 하느님에 대해서 알려주신 것'입니다. 인간은 하느님(절대자, 초월자, 창조주)에 대해서 알 수 없기 때문에, 그분께서 먼저 우리에게 당신을 알려주셔야 합니다. 계시란 바로 하느님께서 당신이 어떤 분인지 알려주신 것입니다. 대표적인 계시가 바로 성경과 성전입니다. 그렇다면, 하느님께서 당신을 알려주신 첫 번째 계시는 무엇일까요?

정답은 바로 '세상 창조'입니다. 창조 사건을 통해 우리는 하느님이 어떤 분이신지 알 수 있습니다. 창세기는 이 세상과 온 우주와 만물을 하느님께서 창조하셨다고 증언합니다. 이는 우리가 믿는 하느님이 세상의 창조주이시고, 오직 그분만이 참된 하느님이며, 따라서 하느님은 오직 한 분이심을 계시하는 것입니다.

창세기 1장을 보면, 하느님께서는 당신의 말씀을 통해서 세상을 창조하셨습니다. "하느님께서 말씀하시기를, … 말씀하시기를 …." 세상은 하느님의 말씀으로 창조되었다는 것이 창조 설화의 주된 내용입니다. 그렇다면, 창세기에 드러난 창조는 사실일까요? 아니면 거짓일까요?

창세기의 내용 중 특히 창조 설화는 '사실'(fact)을 기록한 것이 아닙니다. 왜냐하면, '사실'은 '누가·언제·어디서·무엇을·어떻게·왜'라는 기준에 따라서 객관적인 내용을 기술한 것이기 때문입니다. 그렇다면, 창조론은 모두 거짓인가요? 그렇지 않습니다. 성경에 나오는 세상 창조 이야기는 사실을 기록한 것이 아니라, '진실'(truth)을 기록한 것입니다. '진실'이란 무엇인가요? 눈앞에 보이는 현상이 사실이라면, 현상을 통해 드러나는 숨은 의미, 진정한 의미를 깨달아 얻는 것이 진실입니다. 창세기는 세상이 하느님에 의해서 창조되었고, 그래서 세상 만물과 인간도 존재한다고 증언합니다. 하느님의 세상 창조를 목격한 사람도 없고, 그 옆에서 창조 과정을 기록한 사람도 없습니다. 오늘날 우리는 창세기의 기록처럼 세상이 6일 만에 창조되었는지 알 수 없고, 고대 사람들이 주장했던 것처럼 우주의 역사를 고작 6천 년으로 생각하지도 않습니다. 창세기는 과학적으로 무엇을 증명하려는 책이 아니라, 그 당시의 인간이 그 당시의 이해 능력과 문화 안에서 하느님의 계시를 기록한 책입니다. 창세기의 목적과 의도는 창조 과정에 대한 객관적 기술이 아니라, 창조의 이유와 목적을 전달하는 것입니다. 바로 하느님께서 인간이 살아갈 땅과 세상을 마련하셨고, 하느님께서 인간을 구원하시고자 한다는 것입니다. 이

것이 바로 하느님께서 세상을 창조하신 이유와 목적입니다.

### 창조론과 진화론

창조론과 진화론 중 무엇이 옳은지에 대해 많은 이가 질문을 던지고 또 그에 대한 답도 다양합니다.

창조론은 창세기의 내용처럼 우주 만물이 창조주이신 하느님의 계획 아래 창조되었다는 이론입니다. 과학이 발달한 오늘날 창세기의 내용에 따라서 세상이 창조되고 발전되었다고 믿기에는 어려운 점이 많습니다. 창조론을 글자 그대로 받아들이기 어려운 이유입니다. 진화론은 세상 만물이 우연히 생겨났고, 이 모든 우주와 생명은 자연적으로 진화되었다고 주장하는 이론입니다. 진화론은 창조 과정은 물론, 창조주의 존재도 부인하는 과학 중심적이고 무신론적인 사상입니다. 그런데 과학이란 '원인과 결과'의 법칙 즉 인과율의 법칙이 중요한 학문인데, 진화론은 최초의 시작이 그저 우연히 발생했다는 비과학적인 주장에 근거하고 있습니다. 따라서 창조주에 의한 세상의 첫 시작, 첫 창조를 전제하지 않는 진화론의 주장 역시 허점이 많고, 글자 그대로 납득하기 어려운 것은 마찬가지입니다. 그래서 진화론을 전적으로 거부하는 '창조과학'을 주장하는 사람들도 있고, 창조론과 진화론을 나름대로 융합한 '진화적 창조론' 또는 '창조적 진화론'을 주장하는 사람들도 있기는 하지만, 이 역시 아직 완성된 답변은 아닌 것 같습니다.

"무無로부터의 창조"(Creatio ex nihilo), 이것이 바로 구약에서 하느님이 이루신 창조에 대한 그리스도교의 신앙입니다. 우리가 믿는 하느님은 세상의 창조주이시고, 우주보다 더 크신 하느님이시며, 인간을 사랑하시어 우리 모두를 구원으로 이끌고자 하십니다. 이것이 우리의 신앙입니다.

## 창조 사건의 절정인 인간 창조

성경은, 창조 사건의 중심이자 절정이 인간 창조라고 증언합니다. 첫 번째 인간 아담! 그런데, 하느님은 왜 하필 남자를 먼저 창조하셨을까요?

'아담'(אָדָם, Adam)이라는 단어의 뜻은 흙, 먼지, 진흙, 즉 아무것도 아닌 존재를 의미합니다. 사순 시기를 시작하는 재의 수요일에 사제는 신자의 머리 위에 재를 얹으며 이렇게 말합니다. "사람아, 흙에서 왔으니 흙으로 돌아갈 것을 생각하여라"(창세 3,19 참조). 하느님께서는 남자를 창조하신 것이 아니라, 사람을 창조하신 것입니다. 하느님은 아무것도 아닌 흙의 먼지를 통해서, 흙으로 빚은 인간 모양에 당신의 숨을 불어넣으심으로써 사람을 창조하셨습니다. 인간은 흙(아무것도 아닌)과 하느님의 숨(영, 정신, 이성)이 어우러진 존재입니다. 바로 인간에게 주어진 '숨' 또는 '영'이 하느님으로부터 온 것이며, 하느님과 닮은 점이고, 하느님과 소통이 가능한 능력입니다. 완전한 영 곧 성령이신 하느님을 통해 인간은 영적인 존재가 되었습니다. 모든 인간은 하느님의 영을 지닌 존재이기에, 존엄하고 평등하며, 그 자체로 존중받아야 한다는 것이 그리스도교의 가르침입니다. '아담'이라는 단어는 흙을 의미하고, '하와'(חַוָּה *Ḥawwāh*, Eve)라는 단어는 '생명'을 의미합니다. 즉 인간은 아담과 하와가 함께할 때, 흙과 생명이 함께할 때 온전해진다는 것이 창세기의 가르침입니다.

## 죄란 무엇인가?

창세기에 따르면, 세상은 하느님이 창조하셨고, 하느님은 세상을 창조하실 때마다 "보시니 참 좋았다!"라고 하셨습니다. 교회는 우리가 믿는 하느님이 전능하고 선하시며, 게다가 우리 인간을 무척 사랑하신다고 가르칩니다. 그런데, 우리가 사는 세상은 왜 이 모양인가요? 물론 선하고 아름다울 때도 있지만, 전능하신 하느님이 창조하신 세상이 왜 이리 불완전하고, 죄와 악으로 가득할까요?

성경에서 '배신'이라는 단어와 함께 떠오르는 인물이 있습니다. 누구일까요?

아마도 많은 분이 카리옷 출신의 유다를 떠올리실 겁니다. 자신을 끔찍하게 사랑해준 스승 예수를 끔찍하게 배신했던 유다. 그래서 마태오 복음사가는, '유다가 차라리 태어나지 않았더라면' 더 좋았을 것이라고 이야기했습니다(마태 26,24 참조). 그런데 한 번 더 생각해보면 유다보다 더한 배신자도 있었습니다. 누구일까요? 바로 베드로입니다. 예수님을 만나기 전에 베드로의 이름은 '시몬'이었고, 직업은 어부였습니다. 예수님은 그에게 '베드로'라는 이름을 주셨습니다. 이 이름은 아람어로 '반석'이라는 뜻의 '케파'(כיפא, *Kepa*)인데, 고대 그리스어 단어인 '페트로스'(돌, 바위라는 뜻)로 표기되었습니다. 그의 이름은 사도들의 명단 중 언제나 첫 자리에 기록되었고(마태 10,2; 마르 3,16; 루카 6,14), 다른 어떤 사도보다 자주 등장하며, 예수님의 거룩한 변모 때나 겟세마니에 기도하러 가실 때도 동반했던 제자 중의 제자, 제자단의 '핵인싸'(!)였습니다. 그런데, 예수님이 겟세마니 동산에서 잡혀가실 때, 모든 제자가 스승을 버리고 도망갔고, 심지어 베드로마저 도망갔습니다. 대사제 카야파의 저택에서 예수님이 모욕을 당하시고 심문을 받으실 때, 누군가 베드로에게 물었습니다. "당신은 저 사람의 제자가 아니오?" 그러자 베드로는 재빨리 대답합니다. "나는 그 사람을 알지 못하오." 세 번이나 부인한 후에 예수님의 예언처럼 닭이 울자, 베드로도 슬피 울며 뛰쳐나갔다고 복음서는 전합니다. 이후, 예수님이 수난당하시고, 십자가에 매달려 돌아가실 때에도 반석인 베드로는 보이지 않았습니다.

모든 배신과 배반은 속상하고, 괴롭고, 고통스럽습니다. 하지만, 특히 믿는 사람, 가장 아끼던 사람의 배신은 더욱 괴롭고, 더욱 고통스러운 법입니다. 유다도 예수님을 배신했고, 거의 모든 제자도 예수님을 배신했지만, 아마도 베드로의 배신은 예수님에게 더욱 쓰리고 아프지 않았을까 짐작합니다. 그래서 베드로 사도 역시 너무 괴롭고 두려워서, 예수님이 돌아가실 때는 물론이고, 예수님이 부활하신 후에도 다락방에 숨어 지내지 않았을까 싶습니다. 유다와 베드로를 비롯한 많은 사람이 큰 죄를 지었지만, 베드로는 누구보다 큰 사랑을 받았기에 그의 죄는 훨씬 더 클 수도 있습니다. 유다와 베드로 모두 큰 죄를 지었지만, 죄를 지은 이후 모습은 너무 다릅니다. 유다는 자신이 지은 죄의 무게를 견디지 못해 스스로 목숨을 끊었습니다. 베드로는 절절한 통회의 눈물을 흘렸고 꽁꽁 숨어 지냈지만, 완전히 포기하지는 않았습니다. 죄를 지었지만, 모든 것을 포기하지는 않았습니다.

### 가톨릭교회에서 가르치는 죄의 의미

그리스도교에서 말하는 죄란 무엇인가요? 무엇이 죄고, 그 죄는 어떻게 용서받을 수 있을까요? 신앙생활을 하면서 가장 어려운 것 중에 하나가 고해성사가 아닐까 싶습니다. 고해성사만 없어도 신앙생활 할 만하다, 혹은 고해소 들어가기가 너무 어렵다고 하시는 분들을 주위에서 자주 봅니다. 고해소에 들어가서 과연 어떤 죄를 고백해야 하나요? 만일 누군가, '나는 딱히 지은 죄가 없는데 뭘 고백해야 하나요?'라고 물으면 뭐라고 답하면 좋을까요?

그리스도교에서 말하는 '죄'란 우선 하느님께 지은 죄를 의미합니다. 《가톨릭교회 교리서》에 따르면 죄는 본질적으로 하느님을 거부하는 것이고, 그분의 사랑을 받아들이지 않는 것이며 하느님의 계명을 지키지 않는 데서 드러난다고 합니다(385-390항 참조). 즉 교회가 가르치는 첫 번째 죄는, 하느님을 거스르고, 외면하고, 등지는 것입니다. 그다음으로 나와 내 이웃에게 짓는 죄가 있습니다. 사랑하지 않고, 미워하고, 의도하든 하지 않았든 해를 끼치고, 누군가의 영혼을 아프게 하는 모든 것이 죄입니다. 예수님께서 하느님 사랑과 이웃 사랑이 가장 큰 계명이라고 하셨으니, 하느님과 이웃을 사랑하지 않는 것이 가장 큰 죄입니다. 사실 인간은 불완전한 존재이기 때문에, 살다 보면 죄를 지을 수밖에 없습니다. 이런 인간의 처지를 하느님께서는 누구보다 잘 아십니다. 하느님께서는 인간을 사랑하시기에, 우리를 참고 기다려주십니다.

### 용서받을 수 없는 죄

그렇다면 인간이 짓는 죄 중에 가장 큰 죄는 무엇일까요? 결코 용서받을 수 없는 죄는 무엇일까요?

그 죄는 바로 절망입니다. 구원에 대한 희망을 완전히 잃어버리고 포기하는 것이 가장 큰 죄입니다. 지옥이란 절망이 가득한 곳입니다. 유다는 죄를 지은 후 절망했고, 스스로 하느님에게서 멀어져 갔습니다. 베드로 역시 큰 죄를 지었지만, 예수님을 완전히 떠나지 않고, 믿는 이들과 함께 머물며 참고 견뎠습니다. 그래서 자신의 힘이 아니라, 하느님의 은총으로 부활하신 예수님을 만났고, 전혀 다른 삶을 살 수 있었습니다.

예수님이 말씀하십니다. '사람들이 짓는 모든 죄는 다 용서받을 수 있다. 하지만 단 한 가지, 성령을 모독하는 죄는 용서받을 수 없다!'(마태 12,31-32; 마르 3,28-29; 루카 12,10 참조). 무슨 뜻일까요? 모든 죄가 다 용서받는데, 성령을 모독하는 죄는 용서받지 못한다? 서로 모순되는 말 아닌가요? 예수님이 뭔가 잘못 말씀하신 건가요? 아니면 성령을 모독하는 죄는 '모든 죄'에 포함되지 않는 걸까요?

세상 모든 사람을 구원하기 바라시는 하느님의 마음, 그리고 모든 사람의 죄를 씻기 위해 기꺼이 십자가에 달리신 예수님의 마음을 헤아려보면, 바로 이해할 수 있습니다. 예수님 말씀처럼, 회개한다면 우리가 지은 모든 죄는 다 용서받을 수 있습니다. 모두 다! 그런데, 누군가 예수님의 말씀을 믿지 못한 채, 자신의 죄는 용서받지 못한다고 스스로 단죄하거나, 저 사람의 죄는 결코 용서받지 못한다고 단정한다면, 이는 하느님을 모욕하고 성령을 모독하는 죄일 수 있습니다. 인간의 눈으로 보기에 아주 큰 죄가 있고, 용서받을 수 없을 것처럼 보이는 죄가 있지만, 하느님이 말씀하시는 용서의 범위는 모든 죄에 해당합니다. 즉 하느님을 배신하고 하느님을 등진 사람까지도 기꺼이 용서하십니다. 형제가 죄를 지으면 "일곱 번이 아니라 일흔일곱 번까지라도 용서해야 한다"(마태 18,22)라고 말씀하신 예수님이신데, 용서 못하실 죄가 뭐가 있겠습니까? 만일 진심으로 회개한다면, 모든 죄는 용서받을 수 있다는 것이 그리스도교의 믿음입니다. 대신, '진심'으로 '회개'해야 합니다.

우리가 바라는 천국 혹은 구원이란 다름 아니라 바로 하느님을 바라보는 것, 하느님과 함께하는 것입니다. '회개悔改'라는 단어는 '회두回頭', 즉 '고개를 돌리다', '하느님을 바라보다'라는 뜻입니다. 따라서 회개는 '신앙'(믿음)과 동일한 의미이고, 죄의 반대말입니다. "죄가 많아진 그곳에 은총이 충만히 내렸다"(로마 5,20)라는 말씀을 잘 기억하시기 바랍니다. 하느님이 원하시는 것은 단죄가 아니라 회개라는 예수님의 말씀을 꼭 기억해야 합니다. 하느님은 모든 죄인이 다시 당신께로 돌아서기를 가장 바라십니다. 기도·선행·극기·봉사·단식을 통해, 그리고 고해성사를 통해 우리 죄를 용서받으면 우리 영혼은 맑아지고, 그러면 하느님의 말씀이 잘 들리고, 하느님의 은총이 더 잘 보일 것입니다.

# 그리스도교의 신경信經

"전능하신 천주 성부 천지의 창조주를 저는 믿나이다."

"한 분이신 하느님을 저는 믿나이다."

위의 두 문장은 각각 '사도신경'과 '니케아-콘스탄티노폴리스 신경'의 첫 부분입니다. 두 신경 중에 어느 것이 더 오래되었을까요? 어느 것이 신학적으로 더 중요할까요?

'신경信經'이란 믿을 교리, 즉 그리스도교 신자들이 반드시 믿어야 하는 교리를 기도문으로 엮은 것입니다. 신경의 기원은 초기 교회 세례

식에서 유래합니다. 예수님께서 지상 생활을 마치고 승천하시기 직전에 하신 당부 말씀, 즉 "너희는 가서 … 아버지와 아들과 성령의 이름으로 세례를"(마태 28,19) 주라는 말씀에 따라 초기 교회는 '성부와 성자와 성령의 이름으로' 세례를 주었고, 오늘날까지 이어지고 있습니다. 사람들이 차츰 성부가 어떤 분이신지 묻기 시작했고, 성자와 성령에 대해서도 질문을 하게 되었습니다. 그래서 조금씩 신앙의 중요한 내용이 보충되고 보완되어 오늘날의 형태에 이르렀습니다. 사도신경과 니케아-콘스탄티노폴리스 신경 중에 더 오래된 것은 사도신경입니다. '사도'라는 말이 들어간 이름에서 짐작할 수 있듯이, 이 사도신경은 사도 시대인 2세기 때 시작되어, 5세기에 수정되고, 8세기에 오늘날의 형태로 자리 잡았습니다. 사도신경이 몇 줄인지 아시나요? 우리말로는 번역하면서 달라졌지만, 원문에서는 12줄입니다. 보나벤투라 성인에 따르면 12사도가 한 줄씩 고백해서 생긴 신경이라 그렇다고 하는데, 이는 전설에 가까운 이야기라 진위 여부를 알 수는 없습니다.

    니케아-콘스탄티노폴리스 신경은 제1차 니케아 공의회(325년)와 제1차 콘스탄티노폴리스 공의회(381년)의 논의 결과에 따른 신앙고백입니다. 4세기에 신경의 기본 내용이 정해지고, 이후 수정 보완되다가 11세기경에 오늘날과 같은 형태로 완성됩니다.

### 신경의 중요한 내용

신경은 신앙과 신학의 중요한 내용을 포함하고 있습니다. 그 내용은 아래와 같습니다.

*첫째, 신경은 그리스도교의 핵심 교리입니다.* 만일 누군가가 '그리스도교는 누구를 믿는가?' 혹은 '그리스도교 신앙의 가장 중요한 내용이 무엇인가?'라고 물으면, 신경의 내용을 이야기하면 됩니다. 성부와 성자와 성령이신 삼위일체 하느님에 대한 계시와 교리가 신경에 응축되어 있습니다.

*둘째, 신경은 그리스도교 신학의 두 가지 기본 입장인 삼위일체적 해석과 그리스도 중심적 해석을 동시에 보여줍니다.* 신경은 성부, 성자, 성령 삼위에 대한 소개와 한 분 하느님의 구원 업적을 서술합니다. 모든 구원 역사에는 삼위일체 하느님이 함께하십니다. 그리고 성부에 대한 서술이 가장 짧고, 성령에 대한 서술이 그보다 좀 더 길지만 성자에 대한 서술보다는 짧습니다. 왜냐하면 성부에 대해서 아는 게 가장 적고, 성령에 대해서는 성부보다 많이 알지만, 성자보다는 잘 모르기 때문입니다. 즉, 하느님에 대한 가장 많은 계시가 성자 예수 그리스도를 통해서 가장 정확하게 드러나고 있음을 보여줍니다. 삼위일체 하느님에 대해서, 그리고 성부와 성령에 대해서 우리에게 가장 분명하고 완벽하게 계시해주는 분은 제2위격인 성자 예수 그리스도이십니다. 즉 신경은 삼위일체적이면서 동시에 그리스도 중심적 구조를 통해 하느님을 알려줍니다. 이러한 특징은 그리스도교 신학의 전체적이고 근본적인 특징이자, 가톨릭교회 신학의 기본 특성인데, 제2차 바티칸 공의회의 신학은 이 두 가지 특성과 본질을 충실하게 따릅니다.

### '나신' 혹은 '낳음'의 중요성

사도신경과 니케아-콘스탄티노폴리스 신경은 신학적으로나 신앙적으로 똑같이 중요한 신경입니다. 신경은 이처럼 모든 구절, 모든 단어가 아주 중요한 신앙고백이고, 신학적 논의의 결정체입니다. 그런데, 그중에서도 가장 중요한 단어 또는 구절 하나를 뽑으라면 여러분은 어떤 것을 선택하시겠습니까? 한 분 하느님? 성령으로 잉태? 부활? 심판? 이 선택과 판단은 신학자들마다 다르고, 그 이유도 다릅니다. 그런데, 만일 제게 한 단어를 고르라고 한다면, 저는 과감하게 '나신'을 선택하겠습니다. '참하느님에게서 나신(natus est) 참하느님.'

'나신', '낳음', 이 단어가 왜 중요할까요? 이미 말씀드린 것처럼 신경이란 그리스도교 하느님에 대한 신앙고백문입니다. 그런데, 초기 교회 때 수많은 이단이 예수 그리스도의 신성에 의문을 제기했습니다. 오직 성부만이 진짜 하느님이시다, 예수는 제2의 신이다, 예수는 성부가 잠시 역할 바꿈을 한 것일 뿐이다, 예수는 반신반인이다, 예수는 그저 한 인간이었다 등 수많은 주장이 난무했습니다. 예수가 하느님의 아들, 즉 그리스도이심을 믿고 고백하고 신앙의 핵심으로 결론짓기까지, 초대 교회의 지도자들과 학자들은 이단들의 주장에 논박해야 했고, 그들과의 투쟁과 논쟁을 통해 얻은 결과를 보편 공의회를 통해서 확정하였습니다. 물론 이 고단한 과정을 통해서 교회는 성장하고, 신학 이론들은 더 단단해졌습니다. 양화가 악화를 구축한 셈이지요. 초기 그리스도교 신학은 예수가 하느님의 아들이시고, 참하느님이심을 설명하기 위해 성부로부터 '탄생'하셨다는 표현을 사용했습니다. 즉 세상 만물은 하느님에 의해서 창조된 피조물이지만, 오직 예수 그리스도만이 하느님에 의해서 '낳음'을 받으신 분이라는 결론이었습니다. 한처음에 하느님께서는 말씀을 통해 세상을 창조하셨습니다. 바로 그 하느님 말씀이 사람이 되시어 우리 가운데 계신 분이 예수님인데, 그분은 하느님의 독생 성자이시고, 오직 이분만이 성부로부터 낳음을 받으셨다는 것이 초기 교회의 신앙고백이었습니다. 계시를 통해 알게 된 성자의 신성에 대한 신앙을, 니케아-콘스탄티노폴리스 신경은 '참하느님에게서 나신 참하느님'이라는 말로 고백하게 된 것입니다.

### 그리스도교의 3대 신경

사도신경과 니케아-콘스탄티노폴리스 신경 외에 아타나시우스 신경도 있는데, 이 셋을 그리스도교에서는 '3대 신경'이라고 부릅니다. 아타나시우스 성인은 예수의 신성을 거부한 아리우스 이단에 맞서서 예수 그리스도와 성령 역시 참하느님이심을 믿고, 그래서 그리스도교의 하느님은 성부, 성자, 성령이 삼위일체임을 신학적으로 논증하고 해석하면서 신경을 만들었습니다. 오늘날 대부분 사람이 이 신경을 모르는 이유는 그 내용이 너무 길기 때문입니다. 이단들의 주장에 대해 자세하고 정확하게 반박하며 설명하다 보니, 신경이 너무 길어져서 전례 중에는 사용할 수가 없었고, 그래서 사람들에게 점차 잊혔습니다.

## 고대 교부들이 설명한 믿음의 3단계

신경이란 믿음의 내용이고, 믿는다는 것은 내 몸과 마음이 하느님께 향하고 하느님께 모든 것을 맡기는 것입니다. 고대 교부들은 다음과 같은 3단계로 믿음을 설명했습니다.

1) **credere Deum** – 하느님이 존재하심을 믿는 단계입니다. 하느님이 창조하신 이 세상의 이치와 변화를 통해 하느님의 뜻, 섭리, 은총을 믿고 깨닫게 되는 단계입니다.

2) **credere Deo** – 하느님께서 인간에게 주신 말씀, 계시를 믿는 단계, 신앙의 첫 단계를 의미합니다. 대부분의 신앙인이 속하는 단계라고 할 수 있습니다.

3) **credere in Deum** – 하느님 '안에'(in) 자신의 모든 것을 맡기는 단계입니다. 앞의 두 단계를 포함하는 이 단계는 신앙이란 결국 하느님의 내면으로 들어가는 것임을 보여줍니다.

이러한 신앙의 행위와 내용은 교회 공동체 안에서만 가능합니다. 한 개인이 하느님의 계시를 받아들이고 해석하기에는 분명 한계가 있습니다. 게다가 하느님의 말씀이신 예수 그리스도의 말씀과 몸을 받아들이기 위해서는 반드시 교회의 성사가 필요합니다. 꼭 교회의 성사가 아니더라도, 특정한 상황에서 누군가 하느님을 체험할 수는 있습니다. 하지만, 하느님을 온전히 알고 그분과 일치하는 것은 오직 예수 그리스도를 통해서, 예수 그리스도 안에서, 예수 그리스도와 함께할 때만 가능합니다. 그리고 예수 그리스도를 우리에게 성사聖事적으로,

즉 직접적이고 가시적으로 전달하는 역할은 오직 그리스도의 교회만이 할 수 있습니다. 그리스도는 신앙의 전부입니다. 그러므로 그리스도를 믿는다는 것은 그분께 희망을 두고, 그분을 사랑하는 것입니다.

8

# 가톨릭교회의 중심
### -성경聖經과 성전聖傳-

퀴즈 1  '개신교는 말씀 중심이고, 가톨릭은 성사 중심이다'라는 말, 맞는 말인가요?

퀴즈 2  불교의 핵심은 자비라고 한다면 그리스도교의 핵심은 무엇인가요?

그리스도교의 핵심이 무엇인지, 뭐가 가장 중요한지, 모두가 잘 아는 듯하지만, 막상 질문을 하면 명확하고 자신 있게 답하는 분이 많지 않습니다.

먼저, 퀴즈 2에 대한 답은 '예수 그리스도'입니다. 너무 쉽고 당연하지만, 많은 분이 분명하게 답을 못합니다. 그리스도교의 핵심은 '예수가 바로 그리스도이시다'라고 믿고 고백하고 따르는 것입니다.

퀴즈 1에서 '가톨릭은 성사 중심'이라는 표현도 아주 틀린 말입니다. 가톨릭은 물론 개신교를 포함한 모든 그리스도교는 '그리스도 중심'이고, '하느님 말씀 중심'입니다. 그런데, 중요한 점은 여기서 말하는 '하느님 말씀'은 성경이 아니라는 사실입니다. 약 2천 년 전, 팔레스티나 시골 어느 마을에서 마리아의 아들로 태어난 예수가 바로 그리스도이며 메시아이고, 하느님의 아들이며 구세주라고 믿는 것이 그리스도교입니다. 그리고 '예수'라고 불렸던 이분은 요한복음 1,14의 표현처럼 (하느님의) '말씀이 사람이 되시어 우리 가운데 사신 분'입니다. 그리스도교에서 말하는 하느님 말씀이란 성경이 아니고, 예수 그리스도입니다. '성경 = 하느님 말씀'이 아니고, '성경 = 하느님 말씀이신 예수 그리스도에 대해 기록하고 증언하는 책'입니다. 성경을 하느님 말씀과 동일시하는 것은 개신교의 주장이고 해석입니다. 제2차 바티칸 공의회 문헌 중 〈계시 헌장〉의 공식 제목은 '하느님의 말씀'(Dei Verbum)입니다. 이 문헌은 하느님 계시의 본질과 구체적인 내용에 대해 다루는데, 계시의 본질과 내용을 '하느님의 말씀'이신 예수 그리스도와 일치시킵니다. 즉 계시란 하느님께서 인간에게 알려주신 하느님의 신비이고, 이 신비는 구체적으로 성경과 성전聖傳에서 분명하게 제시됩니다. 계시의 두 원천, 즉 기록으로 전달된 계시인 성경과 기록되지 않고 전달되는 계시인 성전의 주체이자 내용이며 결론은 '하느님의 말씀'이신 예수 그리스도입니다. 그리스도께서 계시를 완성하셨다는 것이 가톨릭교회의 공식 입장입니다. 따라서 모든 계시는 이미 그리스도 안에서 완성되었고, 현재 교회를 통해서 그리스도의 현존은 지속되며, 그리스도의 재림 이전에 "어떠한 새로운 공적 계시도 바라지 말아야 한다"(《계시 헌장》 4항)고 가르칩니다.

예수 그리스도는 하느님의 말씀, 즉 세상을 창조하신 하느님의 힘이고 지혜입니다. 하느님의 말씀이 성령을 통해 마리아에 잉태되어 이 땅에 태어나신 분이 예수님입니다. 예수님이 하신 말씀과 행적, 이것을 두 글자로 '복음福音'이라 하고, 복음을 기록한 책을 복음서라고 합니다. 초기 교회는 예수님에 대해 기록했던 수많은 책 중에 네 권을 신약의 4복음서로 인정했습니다. 신약의 4복음서를 순서대로 외우는 비법(?)이 있습니다. 열심한 신자들에겐 별것 아니겠지만, 잘 모르는 사람이나 예비자에게 유용하겠지요. 제가 고등학교 입학 무렵, 성당에 처음 가서 예비자 교리반에 다닐 때, 담당 수녀님이 알려주신 표현을 지금도 잊지 않고 있습니다. '마태오, 말고, 누가, 요한이냐?' 알아들을 귀가 있는 분은 알아들으셨기를….

 구약성경은 46권, 신약성경은 27권, 그래서 성경은 총 73권입니다. 성경의 이 권수를 두고 예전에는, 농담처럼 천국 직통 전화번호가 73-4627이라고 하기도 했습니다. 성경의 모든 책은 성령의 영감靈感을 통해 쓰였기에, 비록 인간 저자가 쓴 글이고 당시의 문화와 역사가 반영된 글이기는 하지만, 73권 모두 하느님의 말씀을 증언하는 글이라고 할 수 있습니다. 하지만, 하느님의 말씀 전체가 73권에 담

길 수 없고, 예수님의 말씀과 행적을 4권의 복음서에 다 담을 수는 없습니다. 사도 바오로도 모든 내용을 글로 남길 수는 없었기에, "그 밖의 것은 내가 가서 일러주겠습니다"(1코린 11,34)라고 하였습니다.

즉, 예수님의 가르침 중에 복음서와 신약의 여러 책에 '기록된 것'도 있지만, '기록되지 않은 내용들'이 있습니다. 예수님과 함께 살았던 사도들의 목격 증언들, 그리고 교회를 통해 전달되고 전해진 증언들입니다. 그러므로 하느님 말씀이신 예수님의 말씀과 행적 등 모든 가르침은 기록된 계시인 성경과 기록되지 않은 계시인 성전으로 구분할 수 있습니다.

계시 자체인 하느님의 말씀은 성경이 아니라 예수 그리스도이십니다. 예수 그리스도의 현존은 성경과 성전을 통해 만날 수 있습니다. 이 말은 성경이 중요하지 않다는 뜻이 아닙니다. 성경은 매우 중요합니다. 왜냐하면 하느님의 말씀을 증언하고 기록한 책이기 때문입니다. 하지만 '오직 성경만으로'(sola scriptura)를 주장하는 것은 개신교의 관점입니다. 이런 관점이 우리 가톨릭교회 내에도 많이 스며들어 있습니다. 성경은 모든 구원의 진리를 담고 있고, 하느님 계시를 충실히 전달하고 있습니다. 그러나 성경의 진리는, 그 진리를 해석할 주체를 필요로 합니다. 교회의 경전인 성경은 성전, 즉 살아 있는 교회의 신앙인 전승을 통해서만 하느님의 살아 있는 말씀으로 우리에게 전달될 수 있습니다. 하느님의 말씀, 하느님의 신비는 아무나 해석하고, 아무나 뜻풀이를 해서는 안 됩니다. 그리스도와 성령께서 사도들에게 맡기신 하느님의 말씀은 교회 안에서 사도들의 후계자들에게 전달되었기에, 그 후계자들, 즉 교회 교도권만이 성령의 빛을 받아 그 말씀을 충실하게 보존하고 올바르게 해설하며 온 세상에 전파할 수 있습니다.

하느님은 인간이 눈으로 볼 수 있는 분이 아닙니다. 성경에 하느님을 직접 만난 사람이 있나요? 아무도 없습니다. 탈출기에 모세가 하느님을 만났다는 표현이 있지만, 이것은 하느님의 현존을 깊이 체험했다는 의미이지, 직접 바라본 것은 아닙니다. "아무도 하느님을 본 적이 없다"(요한 1,18). 예수님의 말씀이 맞다면, 하느님을 직접 본 사람은 예수님뿐입니다.

눈에 보이지 않는 하느님은 '계시'를 통해서 인간에게 당신을 알려주시고, 당신의 은총을 전달해주십니다. 구약에서는 창조 사건, 예언자들의 예언, 이스라엘 백성을 구원하신 사건 등을 통해 하느님 당신이 누구신지를 계시하셨습니다. 신약에서 가장 분명한 계시, 계시 중의 계시는 바로 예수 그리스도입니다. 하느님이 누구신지, 하느님이 인간을 어떻게 구원하실지에 대한 모든 내용과 답은 예수님의 탄생, 공생활, 수난과 십자가 죽음과 부활에 나타나 있습니다. 예수님이 바로 하느님의 아들이고, 성자이시며, 하느님 자체이시기에, 하느님에 대한 모든 답을 가지고 계십니다. 예수님과 함께 밥을 먹고, 술을 마시며, 어울렸던 사람들, 예수님의 숨소리까지 직접 들었던 예수님의 12사도들은 예수님 말씀과 행적의 '목격 증인'입니다. 예수님의 숨은 의도까지 가장 잘 알던 사람들입니다. 예수님이 승천하시고, 성령이 강림하신 후에 초기 교회는 12사도들의 활동 아래 운영

되었고, 신약시대의 수많은 책 중에 일부가 정경正經으로 확정되었습니다. 그리고 신약성경에 기록되지 않은 예수님의 가르침은 교회의 전통과 전승으로 전달되었습니다. 그리스도교의 핵심인 예수 그리스도는, 기록된 하느님의 계시인 성경과 기록되지 않은 하느님의 계시인 성전을 통해서 교회에 전달되고 있습니다. 따라서 가톨릭교회는 성경과 성전을 통해서 예수 그리스도를 믿고, 따르고, 증언합니다. 정리하자면, '그리스도교의 중심 = 하느님 말씀 = 예수 그리스도'입니다. 그리고 교회는 성경과 성전을 통해서 예수 그리스도를 알게 되고, 믿게 됩니다.

# 구약성경과 신약성경은 같은 내용인가?

"뚜렷한 기억보다 희미한 기록이 낫다." 제가 신학교 학생들에게 학기 초에 자주 하는 말입니다. 사람은 대부분 보고 싶은 것을 주로 보기 때문에 '기억'은 주관적이고, 나의 해석과 생각이 개입하기 마련입니다. 그래서 같은 상황에 대한 기억이 서로 다른 경우가 드물지 않습니다. 이에 반해 '기록'은 비교적 객관적 사실을 보여줍니다. 물론 기록 역시 기록하는 사람의 주관적인 입장이 반영되기는 하지만, 그럼에도 불구하고 기억보다는 왜곡이 덜하다고 할 수 있습니다.

성경은 기억을 기록한 책입니다. 구약성경은 이스라엘 백성이 하느님 백성으로 선택되고, 하느님과 계약을 맺고, 구원 사건을 역사적으로 직접 체험한 기억을 기록한 책입니다. 구약에는 수많은 인물과 사건이 등장하는데, 각 인물을 통해 역사役事하시는 하느님의 구원 역사歷史가 무척 흥미롭습니다. 성경에 등장하는 많은 사람, 그중에 우리가 성인으로 존경하는 사람들의 공통된 특징이 있습니다. 성인聖人이지만, 많은 흠과 단점이 있고, 때로는 큰 죄를 짓기도 합니다. 구약의 네 성조(아브라함, 이사악, 야곱, 요셉)는 물론이고, 모세와 같은 위대한 성인도 많은 실수를 하였으며, 다윗이 지은 죄는 말할 것도 없습니다. 우리가 알고 있는 거의 대부분의 성인은 죄에 빠지기 쉬운 나약한 인간이었지만, 모두 하느님의 선택과 은총을 통해서 변화된 사람들입니다. 하느님의 부르심에 응답한 이후에도 자주 걸려 넘어지지만, 그래도 끝까지 하느님께 충실한 사람들입니다.

구약의 수많은 인물 중 가장 위대한 인물이라 일컬어지는 모세! 모세는 원래 히브리 사람이었는데, 모세의 목숨을 살리려는 가족들의 노력으로 이집트 왕실에 입양되고, 거기서 성장합니다. 모세는 매우 드라마틱한 삶을 살았습니다. 성경에 따르면, 모세는 120년을 살았다고 전해지는데, 사실인지는 확인할 수 없습니다. 아마도 40년+40년+40년으로 일생을 구분하기 위해 120년이라고 했던 것이 아닐까 싶습니다.

첫 40년은 당시 세계 최강대국이었던 이집트 왕실에서 왕자로 살았던 시기입니다. 아주 화려하게, 아쉬운 것 없이, 금수저 중 금수저로 살았습니다. 바로 이 시기에 양부養父인 파라오 옆에서 왕자 수업을 받았습니다. 세상이 어떻게 돌아가는지, 이 세상의 행정과 예산이 무엇인지 등을 배우던 시기였습니다. 지도자가 되기 위한 교육을 받던 시기였습니다.

두 번째 40년은 전혀 다른 삶을 살게 됩니다. 동족인 히브리인을 괴롭히는 이집트인을 죽인 후 쫓기는 처지가 되어서, 머나먼 시골 미디안으로 도망가 광야의 양치기로 살았던 시기입니다. 가장 화려한 왕자의 삶을 살다가, 한순간에 삶이 역전되어 바닥을 체험합니다. 하지만, 평범한 시골 양치기로 살던 이때 모세는 하느님을 만납니다. 하느님이 양치기 모세를 부르십니다. 화려한 삶에서는 잘 보이지 않고 들리지 않았던 하느님의 음성과 존재를 체험합니다. 즐겁고 화려한 삶에서는 굳이 하느님을 필요로 하지 않는 게 보통의 인간입니다. 고통 중에, 작고 초라할 때 하느님을 더 간절히 찾게 되고, 그 간절함 때문에 하느님을 만나게 됩니다.

그래서 마지막 40년 동안 모세는 하느님의 사람으로 새로 태어나 살아갑니다. 하느님께서 시키시는 대로 파라오를 만나 협상하고, 우여곡절을 거친 후에 마침내 이스라엘 백성을 이집트에서 탈출시켜 약속의 땅인 가나안으로 이끌었습니다. 이집트 탈출 후 광야 생활 중에 모세는 하느님의 명에 따라 시나이산으로 갔고, 거기서 하느님과 '계약'을 맺고, '계명'을 받았습니다. 계약이란, 단순한 약속과는 달리 법적인 성격을 지니며 강제성을 띱니다. 그러므로 하느님과 맺은 계약은 지켜야만 하고, 지키지 않으면 벌을 받아야 합니다. 그리고 계명이란 계약의 실천 사항입니다. 이스라엘이 받은 십계명은 계약을 이루기 위한 실천 사항입니다.

    이처럼 구약성경에는 인간 구원의 역사가 담겨 있습니다. 구약의 중심에는 모세를 통한 구원 사건과 거기서 중요한 역할을 하는 계약과 계명이 자리하고 있습니다. 세상을 창조하신 하느님께서 온 인류의 구원을 계획하고 준비하셔서 이스라엘을 당신 백성으로 뽑으셨습니다. 하느님께서는 당신이 인간을 어떻게 대하시는지 이스라엘이 먼저 체험하게 하셨고, 예언자들을 통해 말씀하셨으며 깨닫게 해주셨습니다. 따라서 구약성경 저자들이 예언하고 이야기한 구원 사건들 역시 '참된 하느님의 말씀'을 담고 있다고 가톨릭교회는 믿습니다. 구약에서 인간의 구원과 완성을 목적으로 하시는 하느님의 계획을 볼 수 있었는데, 이 목적은 그리스도 안에서 실현되고 완성됩니다.

## 구약성경과 신약성경의 연관성과 단일성

구약의 가장 중요한 기준이자 가치는 율법인데, 율법의 가르침 중 '한 분 하느님'에 대한 신앙이나 십계명, 그리고 윤리적이고 종교적인 의무 등은 신약에서도 여전히 유효합니다. "신구약 성경에 영감을 주신 분이시고 그 저자이신 하느님께서는 신약이 구약에 숨어 있고 신약으로 구약이 드러나도록 지혜롭게 마련하셨다"(《계시 헌장》 16항). 그리스도께서 당신 피로 새로운 계약을 맺으셨지만(루카 22,20; 1코린 11,25 참조), 구약성경은 복음에 수용될 수 있고, 신약에서 온전한 의미를 얻게 되며, 다른 한편으로 신약을 밝혀주고 설명합니다. 이처럼 구약성경과 신약성경은 서로 깊은 연관성과 단일성을 갖는다는 게 가톨릭교회의 가르침입니다. 가톨릭교회는 약속과 성취라는 구원 역사에서 구약의 이스라엘 백성을 긍정적으로 바라보고, 구약의 하느님 백성과 신약의 새 하느님 백성 사이에 많은 공통점과 연속성이 있다고 봅니다.

물론 구약과 신약 사이에는 공통점뿐만 아니라 큰 차이점이 있으며 신약성경만의 탁월함도 있습니다.

구원의 힘인 하느님의 말씀은 신약성경에서 탁월하게 표현되었고, 그 능력이 드러났습니다. 하느님의 말씀이 사람이 되시어 은총과 진리가 충만한 가운데 우리와 함께 계셨습니다. 예수님은 하느님 나라를 전하기 위해 당신의 '말씀과 행적', 즉 '복음'을 우리에게 전해 주셨고, 십자가 죽음·부활·승천·성령강림을 통해 구원 사업을 완성하셨습니다. 그리고 이 모든 구원의 신비와 그리스도의 현존은 교회를 통해 전달되고 있습니다. 예수님은 사도들 위에 교회의 기초를 세우셨고 스스로 모퉁잇돌이 되셨으며(에페 2,20 참조), 신약성경은 교회 창립을 위한 증서와 같은 것입니다. 복음서는 사람이 되신 말씀의 삶과 가르침에 관한 가장 중요한 증언인데, 교회는 네 복음서가 사도들에게서 비롯되었다는 사실을 분명하게 주장합니다. 사도들은 그리스도의 명령으로 복음을 선포하였습니다. 선포된 복음의 내용을 마태오, 마르코, 루카, 요한 네 복음사가가 성령의 영감을 통해 글로 작성한 것이 4복음서입니다. 가톨릭교회는 복음서를 포함한 신약성경이 사도들과 사도들의 후계자가 함께한 교회를 통해, 그리고 교회 안에서 정경으로 받아들여졌다고 가르칩니다.

가톨릭교회는 복음서의 저자가 사도들과 그 후계자들이라고 봅니다. 복음서는 신앙의 증언, 즉 예수 그리스도에 관한, 예수 그리스도의 증언으로서 다음과 같이 작성되었습니다.

첫째, 사도들을 통해 예수 그리스도의 말씀과 행적이 전달되는 과정이 있었고, 둘째, 교회 설립 당시 사도들이 이를 선포하였으며, 셋째, 그 이후 이 모든 것을 기록·편집·정리한 복음서가 나타났습니다. 사도들의 역할과 위치가 중요한 이유는 그들이 예수님의 말씀과 행적을 직접 목격했기 때문입니다. 예수님의 말씀과 행적, 즉 복음은 사도들을 통해 전달되었습니다. 따라서 복음서는 "처음부터 목격자로서 말씀의 종이 된 이들이 우리에게 전해준 것을 그대로 엮은 것"(루카 1,2)입니다.

# 가톨릭교회의 구성
### -바티칸, 교구, 본당-

현재 세계에서 가장 교세가 큰 두 종교는 그리스도교와 이슬람교입니다. 전 세계 그리스도교인은 대략 24억 명으로 추산되고, 이슬람교도 즉 무슬림은 대략 12억명 정도라고 합니다. 물론 그리스도교는 동방 교회와 서방 교회로 나뉘고, 서방 교회는 다시 로마 가톨릭교회와 수많은 개신교회로 나뉘기에 각 교파의 숫자는 또 다를 것입니다. 하지만, 이슬람교 역시 200여 개의 종파가 있고, 그중 전체 이슬람교도의 80%를 차지하는 수니파, 그리고 15% 정도의 시아파, 신비주의인 수피파, 이바디파 등이 있다고 합니다.

우리가 속한 가톨릭교회의 공식 명칭은 '로마 가톨릭교회'(Ecclesia Catholica Romana)입니다. 전 세계 인구 75억 명 가운데 약 18%에 해당하는 13억 3천만 명('2020 교황청 연감' 참조)의 신자를 가진 세계 최대 규모의 종교이자, 그리스도교 교파 중에서도 최대입니다. 예수님께서 직접 12사도를 뽑으셨고, 그 사도들 가운데 그리고 베드로 위에 직접 교회를 세우셨으며, 그 교회가 바로 '그리스도의 교회'입니다. 베드로의 후계자는 이 교회를 계승하여 책임져왔고, 바로 이 베드로의 후계자인 교황이 맡고 있는 교회가 가톨릭교회입니다. 따라서 가톨릭교회는 예수님이 직접 세우신 교회이고, 가장 오래된 그리스도의 교회입니다.

'가톨릭(catholic)'이라는 단어는 그리스어 형용사 '카톨리코스(katholikos)'에서 유래했으며, '보편적인', '공변된', '모두를 아우르는'이라는 뜻입니다. '가톨릭교회'라는 단어는 서기 110년경 안티오키아의 이냐시오가 스미르나 교회의 신자들에게 보낸 편지에 처음으로 등장합니다. "예수 그리스도께서 계신 곳에 가톨릭교회(보편 교회)가 있듯이, 주교가 나타나는 곳에 공동체가 있어야 합니다." 하지만 당시 가톨릭교회라는 명칭은 오늘날처럼 특정 교파를 가리키는 것이 아니고, '보편적인 교회'를 의미합니다.

1054년 동방 교회와 서방 교회로 나뉘면서 동방 교회는 '정교회'(Orthodox, '올바른 가르침'이라는 뜻)라 부르고, 서방 교회는 '가톨릭교회'(Catholic, 대문자 C를 사용)라고 부르게 되었습니다. 그리고 동방 교회 안에는 여러 종파가 있는데, 이 중에는 '동방 가톨릭교회'도 있습니다. 간혹 개신교 중에 '가톨릭'이라는 명칭을 사용하는 교파도 있습니다(예를 들어, 구舊가톨릭교회, Old-Catholic Church). 그래서 천주교의 공식 명칭은 '로마 가톨릭교회'인데, 그냥 '가톨릭교회'라고 표기해도 무방합니다.

가톨릭교회는 중앙집권적인 구조를 갖췄습니다. 베드로의 후계자인 교황을 중심으로, 교황이 임명한 주교들이 교구와 교회를 담당합니다. 교황은 로마 교구의 교구장인 동시에 가톨릭교회 전체의 영적 지도자이며 그리스도의 대리자, 으뜸 사도의 후계자, 전체 교회의 최고 주교, 바티칸 국가원수, 보편 교회의 최고 대사제, 하느님의 종들의 종, 폰티펙스 막시무스(Pontifex Maximus, 약어로 Pont. Max. 라고 하는데, 외국 성당 특히 로마 성당에서 자주 볼 수 있습니다), 그리고 가장 흔하게는 파파(Papa, 약어로 P.P.)로 불립니다. 우리나라와 일본, 중국에서는 '교황敎皇'이라는 호칭이 가장 일반적인데, 번역한 단어가 중세의 황제 느낌이 난다고 해서 '교종敎宗'으로 부르자는 분들도 있습니다. 대만과 홍콩의 정부와 교회가 '교종'이라고 부른다는데, 사실 별 차이는 없는 것 같습니다.

2013년에 선출된 교황 프란치스코는 사도 베드로 이래 266번째 교황이십니다. 그리스도교 역사상 첫 번째 아메리카 대륙 출신이고, 최초의 남반구 출신이며, 최초의 예수회 출신 교황이십니다. 그리고 시리아 출신이었던 교황 그레고리오 3세 이후 1,282년 만에 즉위한 비유럽권 출신입니다. 2013년 2월 28일 교황 베네딕토 16세가 교황직을 사임한 이후 소집된 콘클라베에서 그 해 3월 13일 선출되셨고, 교황으로서 본인의 새 이름을 아시시의 성인 프란치스코의 이름을 따서 프란치스코라고 지었습니다. 가톨릭에서는 삶에서 중대한 변화를 맞이할 때, 특히 하느님과의 새로운 관계가 시작되는 시기에 이름을 새로 갖습니다. 구약의 아브람이 아브라함이 되었고, 신약의 시몬이 베드로가 되었습니다. 그리고 우리도 세례 받을 때 세례명을 받습니다. 이처럼, 하느님 앞에서 중대한 삶의 변화가 있을 때 새 이름을 갖게 됩니다. 성 프란치스코는 그리스도교 역사상 가장 위대한 성인 중 한 분으로 겸손하고 가난한 삶을 통해 하느님을 증언한 분입니다. 그래서 프란치스코 교황님도 매우 검박하고 소탈하게 살고 계십니다. '십자가를 지고 가지 않는다면, 세속적으로 우리는 주교요, 사제요, 추기경이요, 교황일 수 있지만, 주님의 진정한 제자는 될 수 없습니다. 진정한 권위는 봉사라는 사실을 결코 잊지 맙시다. 아주 가난하고, 약하고, 중요하게 여겨지지 않는 사람들을 끌어안아야 합니다.' 평소 이런 말씀을 자주 하시고, 그대로 살려고 노력하십니다. 2014년 한국에 오셨을 때도 교황 의전 차량(파파모빌)으로 한국산 경차를 타시고, 기차(KTX)로 이동하셨습니다. 그리고 점점 때가 타고 구겨져가는 교황님의 흰 수단도 자주 볼 수 있었습니다.

    현재 전 세계 가톨릭 신자도 많고, 교황님에 대한 존경도 대단하지만, 사실 가톨릭교회의 미래가 밝지만은 않습니다. 새 영세자 숫자보다 냉담자 숫자가 더 많이 늘고, 특히 사제 지망자와 수도자 숫자는 꾸준히 감소하고 있습니다. 전 세계 성직자는 약 46만 명이고, 그중 주교는 5천여 명, 사제 41만여 명(교구+수도회), 종신 부제 4만 5천여 명입니다. 전 세계 수도자는 약 70만 명인데, 대부분 지역에서 고령화와 감소세가 뚜렷합니다.('2020 교황청 연감' 참조).

우리나라 역시 1980년대 이후 가톨릭교회가 급성장했지만, 최근엔 교세가 눈에 띄게 하락하고 있습니다. 우리나라 가톨릭 신자는 약 550만 명 정도인데, 아시아에서 필리핀, 인도, 인도네시아, 베트남에 이어 다섯 번째로 많습니다. 한국에는 현재 3개의 대교구(서울, 대구, 광주)를 포함해서 총 16개의 교구가 있고, 40여 명의 주교, 5,300여 명의 사제, 약 1만 2천 명의 수도자, 약 1,800개의 본당이 있습니다('한국 천주교 통계 2018', 한국 천주교 주교회의). '교구敎區'란 가톨릭 교회를 지역적으로 구분하는 하나의 기본 단위입니다. 이는 교회의 행정적인 구역으로 주교가 관할하며, '지역 교회'라고도 합니다. 교구는 신자들의 공동체인 '본당'(개별 성당)들이 모여서 이루어집니다. 성당, 본당, 교회는 '에클레시아(Ecclesia)'라는 라틴어를 번역한 것으로 비슷한 의미입니다. 굳이 구분하자면 미사를 드리는 건물을 가리킬 때에는 성당이라고 해서 '천주교 ○○동 성당'이라고 표기합니다. 그리고 본당은 보통 교구에 소속된 신자들의 공동체, 사제가 상주하는 행정구역상의 교회 단위를 의미합니다. 교회라는 단어는 사실 가장 넓은 의미로 쓰입니다. 기본적으로 '하느님이 불러 모은 사람들의 모임', '하느님 백성', '그리스도의 몸' 등 예수 그리스도를 믿고 따르는 신앙 공동체를 포괄하는 단어입니다.

제2차 바티칸 공의회는 교회를 크게 세 가지 차원으로 규정합니다. 즉 교회는 하느님 백성이고, 그리스도의 몸이며, 구원의 보편적인 성사입니다. 이를 한 문장으로 표현하면, '교회는 그리스도의 몸으로 이루어진 새로운 하느님 백성'입니다. 교회의 주인은 언제나 하느님이시고, 교회의 중심은 예수 그리스도이십니다. 따라서 교회의 가장 중요한 임무는 하느님의 은총을 전달하는 것, 즉 예수 그리스도를 '지금 여기서 체험할 수 있도록' 하는 것입니다. 교회는 여러 가지 성사를 통해서 '그리스도 현존의 현재화'를 실현하고, 여러 성사 중에서도 매일 성당의 제대 위에서 그리스도의 현존을 재현하는 성체성사를 교회의 핵심이자 중심으로 삼습니다.

# 성직자, 수도자, 평신도

우리말의 '가출家出'과 '출가出家'는 비슷한 말 같지만 뜻이 많이 다릅니다. 두 단어의 공통점은 현재의 거주지를 떠난다는 점입니다. 하지만, 분명한 차이점도 있습니다. 가출은 지금 머무는 곳이 싫어서 떠나지만, 출가는 찾아갈 곳이 더 좋아서 떠나는 경우가 대부분입니다. 그리고 가출한 사람과 출가한 사람 모두 성공하기 위해서는 무엇보다 노력과 절실함이 요구됩니다.

제가 사제가 되고 싶어 신학교에 입학했을 때 주위의 많은 사람은 저를 걱정하며 여러 가지를 물었습니다. 질문의 대부분은 장차 어떤 삶을 살고 싶은지 혹은 제 삶의 가장 중요한 목적이 무엇인지가 아니라, 결혼 안 하고 평생 혼자 살 수 있는지 혹은 앞으로 외로워서 어떡하느냐는 등의 근심 어린 물음이었지요. 저는 분명 사제가 되겠다는 목표를 갖고 신학교에 입학했고, 그래서 사제로 산 지도 꽤 많은 시간이 지났는데, 지난 삶의 궤적을 보면 제가 한 것이 가출인지, 출가인지 헷갈릴 때도 있습니다. 남들보다 더 힘든 삶의 길을 가는 줄 알았는데, 가정을 꾸리고 자녀를 키우며 살아가는 어려움과 사회생활의 고단함에서 벗어나 오히려 더 편하게 사는 것이 아닌가 하고 반성할 때도 있습니다. 제가 선택한 사제의 삶, 사제의 길이란 무엇일까요? 사제란 어떤 사람이어야 할까요?

'사제란 누구인가, 누구이어야 하는가'라는 문제는 사실 한마디로 답하기가 쉽지 않습니다. 하지만 가장 분명한 것은 사제는 하느님 때문에, 그리고 그리스도 때문에 존재한다는 사실입니다.

사제란 하느님 때문에 존재하는 사람입니다. 사제란 하느님이 선택하시고, 하느님이 불러 세우신 사람이며, 하느님의 부르심에 응답한 사람들입니다. 하느님이 계시지 않는다면, 사제는 필요하지 않습니다. 사제는 최고의 중재자이신 예수 그리스도를 통해서 하느님과 인간 사이의 중재자가 되는 것입니다. 결국 사제란 '하느님의 더 큰 영광과 하느님 백성을 위해 봉사하는 존재'입니다.

또한, 사제란 예수 그리스도처럼 살고자 노력하는 사람들 중에 가장 앞장서서 살아가는 사람입니다. 예수님의 제자 중에는 자기 삶의 자리를 몽땅 버리고 온전히 예수님만을 따른 사람들이 있었고, 동시에 자기 삶의 터전에 머물면서 예수님을 따른 사람들도 있었습니다. 사제는 예수님의 말씀과 업적, 즉 복음을 전하기 위해 자기 삶의 자리를 온전히 떠나서, 가진 것을 다 버리고, 전적으로 예수님을 따르는 사람입니다. 독신 자체가 목적이 아니고, 무소유 자체가 목적이 아닙니다. 예수님 때문에 혼자 살고, 예수님과 함께하는 것만으로 충분한 사람입니다.

사제는 하느님 백성을 위해서 말씀을 해석하고 가르치며, 백성을 대표해서 하느님께 기도드리는 사람입니다. 사제는 먼저 주님 사랑을 발견하고 그 기쁨을 누린 사람이기에, 하느님 백성에게 자신이 먼저 체험한 것을 전달하기 위해 노력해야 합니다. 사제란 어딘가에 한 사람이 따로 떨어져 있으면 그 사람 때문에 그곳에 가고, 한 사람도 없다면 그 한 사람을 만들기 위해서 그곳에 가는 사람입니다. 결국 사제란 하느님의 더 큰 영광과 그분 백성을 위해 봉사하며 사는 사람입니다.

가톨릭교회는 예수님이 이 땅에 다녀가신 후 생긴 교회를 이끌면서 하느님과 사람을 연결합니다. 교회란 하느님이 불러 모은 사람들이, 그리스도의 말씀과 몸을 나누는 공동체입니다. 교회가 존재하는 이유는 하느님의 구원 은총을 먼저 받아 세상에 전달하기 위해서입니다. 이것이 바로 구원의 보편적 성사로서의 교회입니다. 교회의 존재 이유와 사명을 실천해야 할 사람들은 교회 구성원 모두이지만, 좀 더 특별하게 이를 실천하도록 부름받은 사람들이 있습니다. 교회의 구성원에는 사제와 같은 성직자 이외에도 수도자와 평신도가 있습니다.

성직자는 주교, 신부, 부제로 구분합니다. 주교는 사도들의 후계자로서, 하느님과 하느님 백성을 위해 봉사하기 위해 특별히 뽑아 세운 사람들입니다. 주교는 목자牧者로서 교구를 책임지고 대표하며, 동시에 전체 가톨릭교회를 이끌어갑니다. 현재 전 세계 주교의 숫자는 대략 5천 명이며, 우리나라에는 약 40명의 주교가 있습니다. 대교구의 교구장은 대주교라고 하는데, 한국에는 서울·대구·광주 세 개의 대교구가 있습니다. 보통 교황은 흰색 모자(주케토)와 수단, 추기경은 빨간색 옷, 주교는 자색 옷을 입기 때문에, 멀리서도 구분이 가능합니다.

주교들은 하느님을 대신해 양 떼를 다스리는 목자가 되고, 교리를 가르치며, 거룩한 예배와 성사를 담당합니다. 오직 주교만이 교회에 맡겨진 7개의 성사를 온전히 집행할 권한과 책무가 있기에, 주교는 교회에 반드시 필요합니다. 그리고 전 세계 주교단의 대표자이자 수장을 교황이라고 부릅니다. 또한, 전체 주교들 중에 특별한 역할을 하도록 부름받은 분들을 추기경이라고 부릅니다. 추기경은 교황의 곁에서 특별한 조언과 도움을 주고, 특히 '콘클라베(Conclave)'라고 부르는 교황 선출 회의에 참여할 권한을 가지고 있습니다. 이 선출 회의에는 모든 추기경이 참석하는 것이 아니라, 만 80세 미만의 추기경만이 참석할 수 있습니다. 현재 전 세계 추기경은 약 200명 정도이고, 교황 선출 회의에 참여할 수 있는 추기경은 항상 120명 내외입니다. 우리나라에서는 지금까지 총 세 분의 추기경이 선출되었고, 2020년 현재 한 분은 선종하셨고, 한 분은 은퇴하셨으며, 한 분은 서울교구장이십니다.

　신자들이 가장 자주 만나는 신부神父는 주교의 협력자로서, 주교를 대신해서 각 본당의 목자 역할을 합니다. 현재 전 세계의 신부는 대략 46만 명이고, 한국에는 약 5,480명이 있습니다. 사제司祭라는 표현도 자주 쓰는데, 사제는 '영원하신 대사제'이신 예수 그리스도를 대신해서 하느님께 제사 드릴 수 있도록 뽑힌 사람, 즉 주교와 신부를 모두 포함하는 말입니다. 그리고 신부는 소속에 따라서 교구 신부와 수도회 신부로 구분하기도 합니다. 해외의 경우 다양하고 많은 수도회의 선교를 통해 그리스도교가 전래되어서, 수도회에 대한 인식도 높고, 매우 친근하게 느끼는 경우가 많습니다. 하지만, 우리나라의 경우 매우 독특하게도 수도회를 통해 그리스도교가 전파되지 않고, 조선 후기에 자발적이고 자생적으로 그리스도교를 받아들였습니다. 그래서 다른 나라에 비해 수도회의 영향력이 상대적으로 적습니다. 본인이 교구 사제가 될지, 수도회 사제가 될지 결정한 후에, 사제가 되기 위한 교구 모임이나 수도회 모임을 다니며 준비한 후에, 절차를 거쳐서 교구 사제 혹은 수도회 사제로 양성되고 살아가게 됩니다.

수도회는 남자 수도회와 여자 수도회가 있습니다. 보통, 남자 수도자를 수사님이라 부르고, 여자 수도자를 수녀님이라 부릅니다. 남자 수도회 중에 성직 수도회라고 불리는 곳은 구성원 전체가 수도 서원을 하는 것은 물론이고, 성직자로 서품됩니다. 성직 수도회가 아닌 남자 수도회에서는 일부 수도사 중에 성직 과정을 거쳐 신부가 되고, 이분들을 수도 사제라고 부릅니다. 현재 우리나라에 있는 수도회는 대략 169개이고, 남자 수도회는 48개에 인원은 1,594명이고, 여자 수도회는 121개에 인원은 10,159명입니다('한국 천주교 통계 2019', 한국 천주교 주교회의).

교회 구성원의 대부분은 평신도입니다. 평신도란 성직자와 수도자를 제외한 모든 그리스도인을 말합니다. 곧 세례로 그리스도와 한 몸이 되어 하느님 백성에 속하여서, 그리스도의 사제직·왕직·예언직에 참여하는 사람들이며, 교회와 세상에서 그리스도인으로서 자신의 사명을 실천하는 사람들을 말합니다. 현재 우리나라 가톨릭 신자 수는 전국 16개 교구가 집계한 바로는 약 590만 명이고, 이는 우리나라 전체 인구의 약 11%라고 하는데, 실제 신앙생활을 하는 사람의 비율은 이보다 훨씬 적을 것으로 생각됩니다. 냉담자와 고령화 비율이 지속적으로 높아지고 있습니다.

중세 시대에는 성직자, 수도자, 평신도의 구분을 마치 교회 내의 계급처럼 생각하는 경우도 있었지만, 오늘날에는 그런 기준을 적용하지 않습니다. 현재는 계급의 구분이 아니라 역할의 구분으로 봅니다. 물론 교회 내에서 신앙생활을 하거나 활동을 하다 보면, 가톨릭교회가 지나치게 성직자 중심이라는 느낌(?)을 받을 수 있습니다. 가톨릭교회에서 하느님의 은총과 구원을 접하는 가장 중요한 방식이 다양한 성사, 특히 성체성사이다 보니, 성직자의 역할과 비중이 큰 것은 사실입니다. 그리고 자신에게 주어진 임무를 마치 자기의 대단한 권한인 것처럼 착각하는 성직자도 적지 않습니다. 이는, 당연히 잘못된 태도입니다.

부름받은 사람들, 선택된 사람들은 하느님과 그분의 백성을 위해 봉사하는 사람입니다. 봉사하는 사람의 본분을 잊어서는 안 되겠지요. 그런데 이 부분은 성직자는 물론, 수도자와 평신도 모두에게 해당되는 사항입니다. 수도자를 존경하는 이유, 수도자가 아름다운 이유는 아무것도 가지지 않고 오직 하느님만으로 충분하다는 것을 삶으로 보여주기 때문입니다. 그런데, 요즘 일부 수도자는 세속 사람들처럼 자꾸 뭔가를 가지려 합니다. 평신도 역시 마찬가지입니다. 성직자와 수도자만이 하느님을 증거하는 사람들이 아닙니다. 모든 그리스도인은 하느님의 부름을 받고, 선택된 사람입니다. 그러니 하느님의 사람처럼 살아야 합니다. 그리스도인답게 살아야 합니다. 세상 사람들처럼 똑같이 화내고, 욕심 부리고, 이기적으로 산다면, 그래서 그리스도의 모습이 전혀 느껴지지 않는다면, 그런 사람을 어떻게 그리스도인이라고 부를 수 있겠습니까?

그리스도인은 예수 그리스도를 닮으려고 노력하는 사람, 예수 그리스도의 말씀을 자기 머리와 마음에 간직하고 사는 사람입니다.

# 기도는 반드시 필요한가?
## -기도와 전례-

기도란 무엇인가요? 가장 쉬우면서도 어려운 질문입니다. 아마도 이 질문에 대한 가장 흔한 답은 '기도는 하느님과의 대화'일 것입니다. 틀린 말은 아니지만, 하느님과 '대화'를 한다는 것이 무엇을 의미하는지 좀 더 설명할 필요가 있습니다. 기도가 무엇인지에 대해서는 다양하게, 여러 방식으로 표현할 수 있는데, 가장 중요한 요소는 기도란 우리 마음이 하느님께로 향하는 것이고, 그래서 '지금, 여기'에서 하느님의 현존을 체험하는 것입니다. 하느님의 함께하심을 체험하는 사람, 즉 기도하는 사람은 기도를 통해 하느님과 관계를 맺게 됩니다. 기도를 통해서 우리의 신앙생활이 시작되고 단단해지며 완성됩니다.

간혹 기도를 한다고 하면서, 자신이 바라는 바를 끊임없이 이야기하는 분이 있습니다. 잘못된 것은 아니지만, 그런 태도는 아직 기도의 초보 단계라고 할 수 있습니다. 기도는 내 말을 하느님이 들으시는 것이 아니라, 하느님이 하시는 말씀을 내가 듣는 것이기 때문입니다. 내 마음이 고요해질 때까지 참고 기다린 후에 하느님의 말씀을 듣는 것이 기도입니다. 고요함 속에서 기다리면 하느님께서는 평화와 기쁨으로 다가오시고, 바로 이때 하느님의 현존을 체험하는 것이 기도라고 할 수 있습니다. "제게 기도란 마음을 들어 올려 온전히 하늘을 바라보는 일이며, 시련이나 기쁨의 한가운데에서 감사와 사랑의 마음으로 외치는 일입니다"(아기 예수의 데레사 성녀).

물론, 기도를 처음 시작하는 이들에게 이러한 깊은 차원의 기도는 쉽지 않습니다. 기도와 신앙생활을 시작하는 분이나 아직 기도가 익숙하지 않은 분들은 하느님께 바라는 바를 말씀드리고, 기도문을 외우는 염경기도나 묵주기도를 꾸준히 바치고, 특히 그날 미사의 독서와 복음을 읽고 묵상하는 기도를 권하고 싶습니다.

하지만, 기도가 말처럼 쉽지는 않습니다. 심지어 예수님과 함께 지냈던 제자들 역시 기도의 어려움을 토로하고, 예수님께 기도하는 방법을 가르쳐달라고 했습니다. 이때 예수님이 알려주신 기도가 바로 '주님의 기도'입니다. 기도란 우리가 하느님께 바치는 것인데, 주님의 기도는 하느님이신 예수님이 직접 가르쳐주신, 말 그대로 '저자 직강'(!) 기도입니다. 그래서 주님의 기도에는 기도의 핵심이 들어 있습니다. 주님의 기도는 크게 두 부분으로 나뉘는데, 첫 번째 부분은 하느님께 대한 감사와 찬미이고, 두 번째 부분은 우리의 바람과 청원입니다. 즉 우리는 기도할 때 먼저 하느님께 감사와 찬미를 드려야 합니다. 나의 뜻보다 먼저 하느님의 뜻이 이 세상과 우리 안에 이루어지길 기도해야 합니다. 그러고 나서 우리가 바라는 바를 청해야 합니다.

그렇다면 하느님께 무엇을 기도하고 청해야 할까요? 예수님은 다음과 같이 말씀하십니다. "너희가 내 안에 머무르고 내 말이 너희 안에 머무르면, 너희가 원하는 것은 무엇이든지 청하여라. 너희에게 그대로 이루어질 것이다"(요한 15,7). 여기서 중요한 것은 '원하는 것은 무엇이든 청하여라'입니다. 우리가 정말 원하는 것은 무엇이든 청해도 되는 것이고, 우리가 원하는 대로 정말 이루어질까요? 물론 이루어집니다. 예수님께서 친히 우리에게 하신 약속이기 때문입니다. 하지만, 중요한 전제가 있는데, 우리는 이 전제를 자주 잊어버리거나 간과합니다. '너희가 내 안에 머무르고 내 말이 너희 안에 머무르면'!!! 예수님 안에 온전히 머무르면, 그래서 예수님과 온전히 함께한다면, 우리가 얻고자 하는 것, 우리에게 진정 필요한 것을 얻을 수 있습니다. 기도는 내 뜻대로 이뤄지는 것이 아니라, 하느님의 뜻을 깨닫고 '아버지의 뜻이 하늘에서와 같이 땅에서도 이루어지게' 되는 것입니다. 중요한 것은 내 뜻대로가 아니라, 하느님 뜻대로 됐을 때 더 좋은 선택과 결과를 가져온다는 사실입니다.

그래서 우리 교회는 성모님을 기도의 모범이라 여기고, 기도할 때 성모님을 본받으려 노력합니다. 성모님은 "말씀하신 대로 저에게 이루어지기를 바랍니다"(루카 1,38)라고 응답하셨습니다. 자신을 '주님의 종'이라고 고백하셨던 성모님처럼, 우리도 그와 같은 자세로 하느님의 말씀에 응답한다면, 우리 삶에서 하느님께서 활동하시는 것을 한층 분명하게 느낄 수 있습니다. 성모님이 보여주신 '신앙적 순종'은 기도와 신앙생활의 모범입니다. 그래서 가톨릭교회는 성모님을 '교회의 어머니', '신앙인의 모범'으로 공경합니다.

### 공동체가 함께 드리는 기도

기도는 이처럼 하느님과 친밀한 관계를 맺는 것, 하느님과 함께하는 것, 하느님 현존을 체험하는 것이라고 할 수 있습니다. 그런데 개인이 하는 기도 외에도 교회 공동체가 함께하는 기도, 즉 '전례典禮'가 있습니다. 전례를 의미하는 라틴어 리투르지아(Liturgia)는 '공적 기도', '공동 예배'라는 뜻으로, 교회가 정한 예식대로 바치는 공적인 기도를 가리킵니다. 교회가 드리는 미사, 성사와 준성사, 성무일도(시간 전례), 성체조배, 성체강복과 행렬 등이 모두 전례입니다. 전례란 개인적인 기도가 아니라 거룩한 하느님 백성인 교회 공동체가 드리는 예식이기에, 공통의 예식과 기도문이 있습니다. 그래서 전 세계 어디서나 로마 가톨릭교회의 미사, 성무일도, 성사 거행 등의 중요한 부분은 동일합니다. 예를 들어, 미사 중에 서거나 앉거나 절하는 것도 전례의 일부입니다. '아멘(amen)'이라는 단어는 신앙적 동의를 표현하는 히브리말로 '맞습니다', '믿습니다'라는 뜻입니다. 하느님 말씀에 대한 순종과 동의를 표시하는 이 단어는, '서 있다', '똑바로 서다'라는 동사에서 나왔습니다. 즉 하느님 앞에 똑바로 서 있다는 것은 하느님과 함께 있다는 것, 하느님 말씀을 믿고 순종하는 것을 의미합니다. 그러므로 전례 중에 바로 선 자세는 우리의 신앙을 표현하는 것입니다.

## 전례력

전례력은 교회가 전례를 지내기 위해 마련한 교회의 달력입니다. 전례력은 크게 3년을 주기로 가해, 나해, 다해(혹은 A, B, C)로 구분됩니다. 각 해의 전례 시기는 예수님의 탄생·공생활·수난·죽음·부활에 근거하여, 대림 시기를 시작으로 성탄 시기·연중 시기·사순 시기·부활 시기 등이 있으며, 각 시기 중에 꼭 기념해야 할 대축일·축일·기념일 등이 있습니다. 대축일 중에도 삼위일체 하느님과 관련된 대축일(주님 탄생 예고, 성탄, 공현, 부활, 승천, 성령강림, 삼위일체, 성체성혈 등)이 가장 높은 등급이고, 그 다음에 성모님과 관련된 대축일, 그리고 그 밖의 대축일(베드로와 바오로, 김대건과 동료 순교자, 모든 성인 등) 순으로 기념합니다. 축일 역시 하느님과 관련된 축일(주님 세례, 주님 봉헌 등)이 가장 높은 단계이고 이후 성모님, 사도들, 성인들 순으로 기념합니다. 대축일과 축일과 기념일은 제대 위에 놓인 초의 개수로 구분할 수 있습니다. 특별한 경우를 제외하고, 보통 대축일엔 제대 좌우에 3개씩, 축일과 주일에는 2개씩, 기념일이나 평일에는 1개씩 켭니다. 그리고 부활 8일 축제 같은 경우엔 대축일과 같이 3개씩, 성탄 8일 축제 때는 2개씩 켭니다.

## 왜 기도해야 하나?

하느님은 우리에 대해서 모든 것을 다 알고 계신데, 왜 우리는 굳이 기도를 해야 할까요? 기도는 하느님을 위해서가 아니라 우리를 위해서 하는 것입니다. 기도를 통해 하느님을 알고, 그래서 하느님의 사랑을 깨닫고 누리는 것, 그리고 결국엔 하느님과 하나로 일치하는 것이 기도의 가장 중요한 목적이자 의미입니다. 혼자서 기도하기가 어렵기 때문에 예수님이 알려주신 대로 교회는 공적 기도, 즉 전례를 통해 우리를 도와줍니다. 기도는 언제나 혼자 할 때보다는 여럿이 할 때 더 힘이 세고 확실합니다. 예수님 말씀처럼 끊임없이 기도한다면(루카 18,35-43 참조), '청하고, 찾고, 두드린다면, 주실 것이고, 얻을 것이며, 열릴 것'(마태 7,7 참조)입니다. 얼마나 기도하면 하느님께서 우리의 기도를 들어주실까요? 정답은 '들어주실 때까지 기도한다'입니다.

### 일을 마치고 바치는 기도
*(Sub tuum praesidium)*

천주의 성모님,
당신의 보호에 저희를 맡기오니
어려울 때에 저희의 간절한 기도를 외면하지 마시고
항상 모든 위험에서 저희를 구하소서.
영화롭고 복되신 동정녀시여.

성부, 성자, 성령 삼위일체 하느님의
가장 깊은 본질은 사랑이라고 성경은 기록합니다.
그리고 교회는 역사적 체험을 통해 그것을 증언합니다.

# 02 하느님
## GOD

1. 하느님은 누구이신가?
2. 하느님은 정말 계신가?
3. 하느님의 다양한 이름
4. 구약의 하느님과 신약의 하느님은 다른 분인가?
5. 하느님은 한 분? 세 분?
6. "하느님은 사랑이십니다"(1요한 4,16)
7. 구원이란? -하느님의 은총을 통해서-
8. "믿음은 들음에서 오고"(로마 10,17)
9. 하느님이 주시는 은총, 평화, 구원
10. 죽은 다음에 나는? -부활, 재림, 그리고 구원-
11. 연옥은 존재하는가?
12. 무신론과 가톨릭교회의 답변

# 하느님은 누구이신가?

세계적인 과학자였던 영국의 이론물리학자 스티븐 호킹은 자주 무신론적인 발언을 했습니다. 우주는 신이 설계하지 않았다거나, 천국은 존재하지 않는다고도 했습니다. 그는 이렇게 말했습니다. "우주는 중력의 법칙과 양자이론에 따라 무無에서 만들어진 것이며 어떤 초자연적인 존재나 신의 개입을 필요로 하지 않는다"(《위대한 설계》, 까치글방, 2010). 천국 또는 사후 세계에 대한 믿음은 죽음을 두려워하는 사람들의 동화 같은 이야기라고도 했습니다. 이 말이 과연 맞을까요? 하느님은 계시지 않고, 천국이나 구원도 다 인간이 지어낸 말일까요? 하느님의 세상 창조는 인간이 과학을 이해하기 전까지만 가능했던 이론일까요? 가장 뛰어난 두뇌를 가진 사람으로 꼽혔던 호킹 박사는 이런 주장들에 대해서 어느 정도 확신을 가졌던 것처럼 보입니다. 그런데, 하느님이 계시지 않다고 주장했던 많은 사람, 그리고 호킹 박사 역시 어쩌면 지금은 하느님과 함께 있지 않을까 하는 생각이 듭니다.

'하느님이 진짜 계시는가?' '만일 계신다면 그 하느님은 어떤 분이신가?' 많은 분이 이런 질문을 한두 번쯤 해보셨을 것입니다.

하느님이 계시는지, 그리고 하느님이 어떤 분이신지에 대해서 인간 스스로 답을 생각해내거나 발견해낼 수는 없습니다. 만일 인간이 하느님을 생각해내고 정확히 묘사할 수 있다면, 그 하느님은 진짜 하느님이 아닙니다. 하느님은 인간이 추측하고 상상할 수 있는 분이 아닙니다. 하느님에 대한 모든 것은 '계시'를 통해서만 알 수 있습니다. 계시란 하느님이 하느님에 대해서 알려주신 것입니다. 우리는 계시를 통해서 하느님이 계시다는 것을 알 수 있고, 그분이 어떤 분인지를 알 수 있습니다. 계시의 가장 대표적인 형태는 바로 성경과 성전聖傳입니다. 하느님의 계시는 구약의 이스라엘 백성을 통해서 시작되었고, 신약의 예수 그리스도를 통해서 절정에 이르고 완성되었으며, 그분의 교회를 통해서 유지되고 전달됩니다. 교회를 통해 전달된 성경과 성전은 우리에게 하느님에 대해서 증언하고 있습니다. 구약의 이스라엘 백성은 하느님의 부르심과 선택을 받았고, 계약을 맺었으며, 다른 민족과 달리 하느님의 백성으로 살게 되었습니다. 하느님께서는 이스라엘에게 직접 당신 자신에 대해서 알려주셨습니다.

탈출기 3장을 보면, 매우 특이한 장면이 나옵니다. 하느님의 부르심으로 불타는 떨기나무에서 하느님의 계시를 받은 모세는 하느님의 이름을 묻습니다. 그 전에 하느님께서는 먼저 당신이 '선조들의 하느님'이라고, 즉 "나는 네 아버지의 하느님, 곧 아브라함의 하느님, 이사악의 하느님, 야곱의 하느님"(탈출 3,6)이라고 알려주십니다. 그리고 모세는 하느님 백성을 구하라는 특별한 소명을 받는데, 이때 모세는 하느님의 이름을 물어보았고, 하느님께서는 당신 이름을 계시하십니다. 이 중요한 순간에 모세는 왜 하느님의 이름을 물었을까요? 이름은 단순히 상대방을 부르거나 가리키기 위한 호칭이기도 하지만, 더 근본적으로는 상대방이 어떤 존재인지, 그리고 출신과 배경과 특성을 알려주는 것이기도 합니다. 구약의 이스라엘 백성에게 하느님이 어떤 분이신지, 하느님께서는 당신 이름을 통해 계시합니다. 하느님 이름의 구체적인 뜻에 대해서는 뒤에서 다루기로 하고, 여기서는 일단 구약의 이스라엘 백성에게 하느님은 어떤 분이셨는지를 이야기해 보겠습니다.

### 구약성경의 하느님은 어떤 분이실까?

우선 구약성경이 증언하는 하느님의 특징은 크게 세 가지로 이야기할 수 있습니다.

*첫째, 사랑의 하느님입니다.* 자비의 하느님, 용서의 하느님이라고도 할 수 있습니다. 구약에 따르면 하느님께서는 세상을 창조하셨고, 인간을 구원하시고자 인간에게 하느님과 함께 사는 법을 가르쳐주셨습니다. 이 과정에서 인간이 하느님의 뜻을 이해하지 못하고 멋대

로 살 때에도 용서하고, 기다리고, 이해하시는 하느님의 모습을 자주 볼 수 있습니다. 때로는 엄격하고 단호하게 말씀하고 행동하셨지만, 결국 이 모든 것은 하느님의 인간에 대한 사랑 때문이라고 성경은 증언합니다.

*둘째, 정의의 하느님입니다.* 하느님의 사랑은 모든 사람의 구원을 향하지만, 하느님을 따르지 않고 인간을 하느님으로부터 멀어지게 하는 불의한 세력은 단호히 거부하고 단죄합니다. 그래서 구약의 예언자 중에 아모스는 하느님의 뜻이 '정의가 강물처럼 흐르게 하는 것'(아모 5,24 참조)이라고 선포하였습니다. 정의 없는 사랑은 하느님의 사랑이 아닙니다. 그래서 사회 정의를 실현하는 것이 그리스도교의 중요한 책무 중 하나입니다. 하지만, 중요한 점은 언제나 사랑이 정의보다 더 크고 위대하다는 사실입니다. 정의 자체가 목적일 수는 없습니다.

*셋째, 거룩하신 하느님입니다.* 우리가 쉽게 잊는 것 중 하나가 바로 하느님의 거룩하심입니다. 성경에서 '거룩한'이라고 번역되는 히브리어 카다쉬(קדש)는 '분리하다', '선별하다'라는 뜻입니다. 즉 하느님께서 세속의 것으로부터 분리하고 선별하신 것, 하느님을 위해서 깨끗하고 흠 없는 것을 분리하고 선별한 것이 '거룩한 것'입니다. 성당이 거룩한 이유, 성직자와 수도자가 거룩한 이유는 바로 세상 것으로부터 하느님을 위해서 따로 분리되어 봉헌되기 때문입니다. 모든 거룩함의 근거와 이유는 당연히 하느님입니다. 하느님은 거룩하신 분입니다. 그래서 모세가 하느님에게서 받은 십계명에는 '한 분이신 하느

님을 흠숭하여라'와 '하느님의 이름을 함부로 부르지 마라'라는 계명이 가장 처음에 나옵니다. 하느님을 만나러 갈 때, 기도와 미사를 드릴 때, 우리는 하느님에 대한 경외심과 두려움을 가지고 좀 더 겸손해져야 합니다. 오늘날 하느님께서 우리의 모든 것을 인정해주시고 이해해주신다는 믿음을 지극히 인간 중심적으로 해석하는 경향 탓에 마음가짐과 몸가짐을 소홀히 하는 경우를 자주 봅니다. 성당에 가서 하느님 앞에 설 때 복장과 언어, 마음 등 안팎으로 어떻게 준비하였는지 다시금 생각해 봐야겠습니다.

그 밖에도 하느님이 어떤 분이신지에 대해서 더 다양하게 이야기할 수 있지만, 그에 대한 가장 정확한 답은 바로 예수 그리스도 안에 있습니다. "나를 본 사람은 곧 아버지를 뵌 것이다"(요한 14,9). 하느님이 누구신지, 어떤 분이신지, 어떻게 하면 하느님을 잘 알고, 하느님과 일치할 수 있는지에 대한 방법이자 내용은 바로 예수 그리스도이십니다. 인간 안에는 하느님의 흔적이 있습니다. 인간이 바로 '하느님의 모상'(Imago Dei)이기 때문입니다. 그리고 '하느님의 완전한 모상'(Perfecta Imago Dei)은 예수 그리스도이십니다. 2천여 년 전 팔레스티나 지방에서 마리아의 아들로 태어나 사셨던 인간 예수의 모든 말씀과 행적이, 그리스도이고 하느님의 아들인 동시에 하느님 자신인 분의 말씀이고 행적입니다. 하느님에 대한 모든 증언 중에 가장 정확하고 확실한 내용은 예수 그리스도의 삶에 다 들어 있습니다. 그리고 예수님의 제자 중에 늘 예수님 가장 가까이에서, 예수님의 사랑을 받던 제자가 우리에게 하느님에 대해서 알려줍니다. "하느님은 사랑이십니다. 사랑 안에 머무르는 사람은 하느님 안에 머무르고 하느님께서도 그 사람 안에 머무르십니다"(1요한 4,16). 예수님은 언제나 가장 중요한 계명이 하느님 사랑과 이웃 사랑이라고 말씀하셨습니다. 인간은 하느님과 맺은 계약을 완성함으로써 구원받습니다. 옛 계약, 즉 구약은 하느님과 이스라엘 백성이 맺은 계약이고, 우리가 맺은 계약은 새로운 계약, 즉 신약입니다. 신약은 예수 그리스도와 예수 그리스도를 믿고 따르는 사람들이 맺은 계약이고, 이 계약의 실천 사항으로 제시된 계명이 바로 사랑의 계명입니다. 하느님을 사랑하고, 이웃을 사랑하는 사람은 하느님을 알게 되고, 하느님 안에 머무르게 된다고 신약성경은 분명히 증언합니다. 예수님도 인간을 너무나 사랑하신 나머지, 우리의 죄를 대신해서 십자가에 못 박혀 돌아가신 것입니다. 예수님을 통해서, 예수님 안에서, 예수님과 함께 하느님과 이웃을 사랑하는 사람은 하느님을 제대로 알 수 있고, 하느님이 주신 복과 은총을 받게 될 것입니다. 이것이 바로 성경과 성전의 가르침이고, 그리스도교의 핵심 교리입니다. 하느님은 사랑이시고, 그 사랑은 언제나 예수 그리스도의 십자가에서 드러날 것입니다.

## 하느님은 정말 계신가?

혹시 [위대한 침묵](Die grosse Stille)이라는 영화를 보셨나요? 이 영화는 프랑스 남동부 샤르트뢰즈산맥에 있는 '그랑드 샤르트뢰즈 수도원'을 배경으로 한 영화입니다. 샤르트뢰즈 수도원은 체르토사, 카르투지오, 카투샨, 차터하우스 등으로 다양하게 불립니다. 이 영화는 1천 년 동안 외부에 공개된 적 없는 수도원 내부를 배경으로 합니다. 1984년 독일의 영화감독 필립 그로닝이 이 수도원을 소재로 다큐멘터리를 만들고 싶다는 편지를 보냈고, 무려 16년이 지난 후에 촬영을 허락한다는 답장을 받았다고 합니다. 그래서 감독 혼자 6개월 동안 수도원에 머물면서 직접 찍은 영화가 바로 [위대한 침묵]입니다. 영화의 러닝타임이 2시간 49분이고, 대사가 거의 없으며, 소리는 성가와 기도가 전부입니다. 이 영화는, 침묵의 의미와 크기에 대해서 보여줌으로써 하느님에 대해 성찰하게 해줍니다. 크게 떠들어야 잘 들리고, 환하게 비춰야 잘 보인다고 생각하는 오늘날 우리에게 다른 시선을 제공합니다.

이 영화에는 '가진 것을 다 버리지 않으면 내 제자가 될 수 없다'(마태 16,24 참조)라는 문구가 자주 나옵니다. 수도자들이 수도원에 머무는 이유는 오직 예수님의 제자로 살기 위함이고, 가진 것을 다 버리고, 오직 고독과 침묵과 관상觀想기도에 머물기 위해서입니다.

"바로 그때에 주님께서 지나가시는데, 크고 강한 바람이 산을 할퀴고 주님 앞에 있는 바위를 부수었다. 그러나 주님께서는 바람 가운데에 계시지 않았다. 바람이 지나간 뒤에 지진이 일어났다. 그러나 주님께서는 지진 가운데에도 계시지 않았다. 지진이 지나간 뒤에 불이 일어났다. 그러나 주님께서는 불 속에도 계시지 않았다. 불이 지나간 뒤에 조용하고 부드러운 소리가 들려왔다"(1열왕 19,11-12).

하느님은 계신가? 어디에 계신가? 만일 계신다면 어떻게 만날 수 있는가? 하느님의 존재를 신학적·철학적으로 증명하기 위한 노력은 오랜 세월에 걸쳐 있었지만, 신의 존재에 대한 질문은 그 자체가 무척 거대하며, 답하기 어려운 문제입니다. 이를 테면 토마스 아퀴나스나 안셀무스 같은 천재 신학자들의 신 존재 증명이 있긴 하지만, 이들의 설명은 신앙을 이미 전제하고 있기에, 하느님의 존재를 완벽하게 논증하는 답변이라고는 할 수 없습니다. 하느님이 정말 존재하시는가에 대해서 우리 그리스도인들은 분명한 결론과 답을 알고 있지만, 왜 그리고 어떻게 그런 것인지에 대해서 설명하기란 쉽지 않습니다. 눈에 보이지 않는 하느님에 대해 이야기하고 그분의 존재를 설명하고 증명하는 것이 과연 가능할까요?

답보다 중요한 것이 질문 자체인 경우가 많습니다. 정확한 답을 구하지 못할 때는 질문이 잘못된 경우가 많습니다. 어쩌면 하느님의 존재를 인간의 언어와 머리로 논증하고 증명하겠다는 시도 자체, 질문 자체가 잘못된 것일 수 있습니다. 만일 하느님이 존재하신다면, 그리고 그 하느님이 불변하는 진리이고 영원한 초월자라면, 인간은 먼저 유한한 자기 존재의 한계를 인정하고 인간이 알 수 있는 것과 알 수 없는 것을 구분하는 것이 올바른 태도일지도 모릅니다. 하느님의 존재에 대해서 인간의 능력으로 확실하게 설명할 수 있는 부분이 있고, 결코 설명할 수 없는 부분이 있습니다. 설명할 수 있는 부분 역시 하느님의 '계시'(하느님께서 하느님에 대해 인간에게 알려주신 것)에 근거한 내용으로 제한됩니다. 하느님께서 당신에 대해 인간에게 알려주셔야만, 인간이 하느님을 알 수 있습니다. 우리는 그분이 알려주신 것만 알 수 있습니다.

구약의 이스라엘 백성을 통해, 예언자들을 통해, 특히 신약의 예수 그리스도를 통해 하느님은 당신의 존재를 인간에게 여러 차례, 다양한 방식으로 알려주셨습니다. "하느님께서 예전에는 예언자들을 통하여 여러 번에 걸쳐 여러 가지 방식으로 조상들에게 말씀하셨지만, 이 마지막 때에는 아드님을 통하여 우리에게 말씀하셨습니다"(히브 1,1-2). 여기서 말하는 '마지막 때'는 세상 종말의 때를 이야기하는 것이 아니라, 계시의 완성이신 예수 그리스도가 이 땅에 오셔서 말씀과 행적, 즉 복음을 통해 인간에게 계시해주신 때를 말합니다. 계시를 통해 인간은 하느님의 존재는 물론이고, 하느님이 어떤 분이신지 잘 알 수 있습니다. 특히 예수님을 통해서 모든 계시는 완성되었다고 가톨릭교회는 가르칩니다. 예수님을 통해 계시가 완성되었다는 것은 하느님에 대한 신비, 구원 계획과 완성에 대한 모든 신비가 이미 예수 그리스도를 통해서 드러나고, 실행되고, 결정되었다는 뜻입니다. 하느님의 말씀이신 그리스도는 하느님의 뜻이고 의지이며, 하느님의 힘이고 하느님의 얼굴이며 하느님 자체이십니다. 예수 그리스도의 삶과 죽음과 부활과 승천을 통해 계시의 모든 의미와 내용이 실행되고 완성되었으며, 그리고 성령께서 우리가 이 계시를 더 잘 이해할 수 있도록 우리를 진리로 깊이 이끌어주십니다. 예수 그리스도가 없었다면, 우리는 하느님이 어떤 분이신지, 삶과 죽음의 의미가 무엇인지, 우리 자신이 누구인지 알 수 없습니다. 따라서 그리스도교에서는 하느님의 말씀인 계시에 순응하고, 계시를 이해하려고 노력하는 것이 바로 신앙이며 인간의 길이라고 가르칩니다.

아리스토텔레스는 대표 저서 중 하나인 《형이상학》의 시작에서 인간에 대해 다음과 같이 규정합니다. '모든 인간은 본래 알고자 한다.' 하느님은 우리 마음 안에 당신을 찾고 발견하고자 하는 열망을 심어주셨습니다. 인간이 하느님을 찾는 것은 자연스러운 일입니다. 인간은 근본적으로 진리와 행복을 찾기 위해서 노력하는 존재이고, 이런 모든 노력의 끝에서 하느님을 발견하게 되고 자신의 본질을 찾게 됩니다. 진리를 찾고 있는 사람은 자신이 의식하든 못하든 이미 하느님을 찾고 있는 것이라고 말한 에디트 슈타인 성녀의 말처럼, 인간은 하느님 안에서 삶에 대한 근원적인 답을 찾을 수 있습니다.

    하느님은 계시는가? 예, 하느님은 분명 계십니다! 인간의 눈으로 직접 볼 수 없지만, 하느님은 계십니다. 사실, 원래부터 하느님은 눈으로 볼 수 있는 분이 아닙니다. 만일 누구나 눈으로 볼 수 있다면, 혹은 내가 원하는 대로, 내가 기도하는 대로 움직인다면, 그분은 하느님이 아닙니다. 누군가 규정할 수 있고, 생각할 수 있으며, 설명해 낼 수 있는 하느님은 하느님이 아닙니다. 바람이 그물에 걸리지 않는 것처럼, 하느님은 인간의 머리로 알 수 없습니다. 하느님이 인간에게 주신 영적인 능력과 이성의 능력을 통해서 하느님의 존재를 일부 알 수는 있지만, 하느님에 대해서 여전히 알 수 없는 영역이 훨씬 많습니다. 앞서 이야기한 영화 [위대한 침묵]은 고독과 고요와 관상 속에서 하느님을 만나는 사람들을 그저 조용히 관찰합니다. 영화는 그 사람들이 왜 그렇게 사는지를 묻지 않고 설명하려 들지도 않습니다. 그 사람들 역시 자기 선택의 이유에 대한 특별한 답을 제시하지 않습니다. 그저 하느님의 현존 앞에 조용히 머물러 있습니다. 영화 속 수도자들과 우리가 아는 많은 성인이 하느님의 존재하심을 알고, 하느님이 현존하시는 순간에 그분과 함께 머물고자 노력했습니다. 하느님의 존재와 현존은 완전한 침묵 속에서만 들을 수 있고, 눈을 감아야만 볼 수 있습니다.

"하느님께서는 당신 선성과 지혜로 당신 자신을 계시하시고
당신 뜻의 신비를 기꺼이 알려주시려 하셨으며,
이로써 사람들이 사람이 되신 말씀,
곧 그리스도를 통하여 성령 안에서 성부께 다가가고
하느님의 본성에 참여하도록 하셨다"⟨계시 헌장⟩ 2항).

# 하느님의 다양한 이름

신약성경에 비해 구약성경은 분량이 훨씬 많습니다. 수많은 사건과 인물이 등장하고, 다양한 이야기와 주제가 나오며, 재미있는 내용도 있고, 오늘날엔 전혀 필요 없어 보이는 규정과 규칙들이 등장하기도 합니다. 하지만, 구약성경 전체를 아우르는 중심 단어 내지 핵심 개념 두 가지가 있고, 구약의 모든 내용은 이 두 가지와 연관됩니다. 그 두 단어는 바로, '선택'과 '계약'입니다. 구약성경에서 하느님은 먼저(!) 이스라엘을 부르시고 그들을 선택하셨으며, 그들과 계약을 맺으셨습니다. 그래서 이스라엘을 선택된 백성, 하느님 백성이라고 부릅니다. 하느님이 이스라엘을 선택하시고 계약을 맺으신 이유는 먼저 그들을 구원하시고, 그들을 통해 온 세상을 구원하시기 위해서입니다. 하느님과 계약을 맺은 이스라엘 백성은 구원의 대상이자 도구로서 살았고, 오늘날에는 새로운 하느님 백성인 교회가 그 역할을 합니다. 그러므로 구약의 하느님 백성인 이스라엘과 신약의 새 하느님 백성인 교회는 서로 연결되고, 연관되어 있습니다.

지금 우리가 믿고 있는 신앙의 고유한 특징 중에는 구약의 이스라엘로부터 온 것이 많습니다. 세상 창조와 인간에 대한 이해, 기도와 예배 양식 등 수많은 공통점과 연관성이 있습니다. 예수님은 혈육으로 히브리인으로 태어나셔서 당시의 문화와 역사 속에 사셨고, 당시 사람들이 이해할 수 있는 언어와 가치관을 고려하시며 복음을 선포하셨습니다. 따라서 신약의 하느님 이해는 구약의 하느님 이해에서 출발해야 하고, 이를 근거로 심화해갈 수 있습니다. 구약의 하느님 이해 중에 매우 특별한 내용이 하나 있습니다. 바로 모세를 통해 하느님이 당신 이름을 알려주심으로써 우리에게 당신을 계시하셨다는 점입니다. 이름은 인격의 본질과 신원과 생명을 표현하는 것이라고 가톨릭교회는 가르칩니다(《가톨릭교회 교리서》 203항). 하느님께서 점진적으로, 여러 가지 이름을 통해서 당신 백성에게 당신을 알려주셨습니다. 불타는 떨기나무에서 모세에게 나타나셔서 당신의 이름을 알려준 것(탈출 3장 참조)은 매우 중요한 계시이자 징표입니다.

"모세가 하느님께 아뢰었다. '제가 이스라엘 자손들에게 가서, 「너희 조상들의 하느님께서 나를 너희에게 보내셨다」 하고 말하면, 그들이 저에게 「그분 이름이 무엇이오?」 하고 물을 터인데, 제가 그들에게 무엇이라고 대답해야 하겠습니까?' 하느님께서 모세에게 '나는 있는 나다' 하고 대답"(탈출 3,13-14)하셨다.

모세를 통해 계시된 하느님 이름인 JHWH(יהוה, 혹은 YHWH)는 "나는 있는 나다"(I am who I am), "나는 곧 나다" 혹은 "나는 있는 자이다"라고 해석할 수 있는 단어입니다. 그런데 이 단어를 해석할 수 있게 되었다고 해서 그 의미까지 완전히 이해하셨나요? JHWH에 대한 정확한 뜻은 밝히기가 쉽지 않습니다. 이 단어를 정확히 어떻게 읽어야 하는지조차 아직 모릅니다. 가톨릭교회는 '야훼'라고, 개신교는 '여호와'라고 표기하는데, '야훼'가 확실히 맞는 표기인지는 잘 모르지만, '여호와'라는 표기는 확실히 아니라는 것이 학계의 대체적인 의견입니다. 왜 아직 정확한 뜻도 모르고, 더욱이 정확하게 읽는 것조차 어려운가에 대한 실마리는 바로 십계명의 두 번째 계명 "하느님의 이름을 함부로 부르지 마라"에 있습니다. 모세를 통해 하느님과 계약을 맺고 계명을 받은 후에 이스라엘 백성은 때로는 하느님 뜻에 맞게, 때로는 아니 더 자주 자기들 맘대로 살았습니다. 하느님 백성답게 살아야 하느님 백성이 되는 것인데, 계약과 계명에 충실하지 못했습니다. 하느님이 당신 눈에 넣어도 아프지 않을 내 백성이라고 하셨음에도 불구하고 그들은 자주 하느님 뜻과는 멀고도 먼 삶을 살았고 그래서 수많은 환란과 고초를 겪었습니다. 고통과 고난을 극심하게 겪은 후에야 이스라엘 백성은 이제부터 하느님 말씀대로 살겠다고 각성하였고 율법을 철저히 지키며 살게 되었습니다. 하느님의 이름을 함부로 불러서는 안 된다는 제2계명을 지키기 위해서, 하느님의 이름은 1년에 단 한 번, '속죄의 날'에 이스라엘 백성의 대사제가 속죄 제사 중에 이스라엘 백성 전체를 대표해서 단 한 번, 그것도 조용하고 겸손하게 부를 수 있었습니다. 하느님의 이름을 함부로 부르지 않으려다 보니, 나중에는 아예 부를 수 없게 되고, 부르는 법조차 잊혔기에, 오늘날에는 JHWH라는 자음만 남은 것입니다. 하느님의 거룩함에 대한 경외심을 강조하는 이스라엘 백성은 하느님의 이름을 입 밖에 내지 않았습니다. 그래서 하느님의 이름을 '주님'(אֲדֹנָי *Adonai*, 그리스어로 κύριος *Kyrios*)으로 바꾸어 불렀습니다.

하느님이 신비 자체이신 것처럼, 하느님의 이름인 JHWH 역시 신비롭습니다. "나는 있는 나다." 이는 하느님께서 당신 이름을 알려주시는 것인 동시에 당신 이름을 밝히기를 거부한 것입니다. 우리는 하느님의 이름은 알지만, 이름의 정확한 뜻은 모릅니다. 우리는 하느님의 존재는 알지만, 무한히 초월해 계시는 하느님의 신비를 다 알 수는 없습니다. 그분은 "자신을 숨기시는 하느님"(이사 45,15)이시기에, 따라서 그분이 먼저 다가오셔야만 인간은 그분을 만날 수 있고 알 수 있습니다.

"야훼", "있는 나"라는 이름을 가지신 하느님에 대해 우리는 여러 가지를 묵상할 수 있습니다.

먼저, 이름을 가졌다는 사실은 그분을 부를 수 있고, 찾을 수 있고, 그분과 대화할 수 있음을 뜻합니다. 다시 말해 인격적인 만남과 친교가 가능하다는 것입니다. 하느님은 저 멀리 구름 위에 계신 분이 아니라, 내가 이름을 부를 수 있고 인격적으로 만날 수 있으며, 체험할 수 있는 분이 되십니다. 인격적인 하느님 개념은 구약과 신약, 유다교와 그리스도교의 하느님이 지니신 매우 특별한 점입니다. 그리고 인격적 하느님 체험의 절정은 바로 예수 그리스도입니다. 구약은 하느님을 부를 수만 있었는데, 신약에는 그 하느님이 인간이 되시어 우리 가운데 계셨기에, 우리는 그분을 직접 만나고 그분의 현존을 직접 체험할 수 있었습니다.

둘째, 하느님은 '있는' 분이십니다. 하느님께서는 어제도 오늘도 내일도 '있는' 분이시고, "변화도 없고 변동에 따른 그림자도 없는"(야고 1,17) 분이시며, 모든 시대와 모든 사람과 함께 '있는' 분이십니다. 오직 하느님만이 언제나 어디서나 '있는' 분이시며, 세상 모든 것은 다 변화되고 사라집니다. 오직 하느님만이 '있는' 분이시기에, 시작도 마침도 없으시고 충만하며 완전한 존재이십니다.

요한복음에 나오는 예수님의 말씀 중에 ἐγώ εἰμι(ego eimi), 즉 '나는 …이다', '나는 있다'라는 표현이 총 7번 나옵니다(6,35; 8,12; 10,7; 10,11; 11,25; 14,6; 15,5). 이 외에도 예수님께서 물 위를 걷는 기적을 행하실 때, 제자들에게 "나다(ἐγώ εἰμι). 두려워하지 마라"(요한 6,20; 마태 14,27) 하고 말씀하셨습니다. 이는 탈출기 3장에 나오는 '있음'과 같은 의미입니다. 구약성경을 그리스어로 번역한 '칠십인역'(七十人譯, Septuaginta, LXX)에서는 탈출기 3장에 나오는 JHWH를 'ἐγώ εἰμι'라고 번역하였습니다. 따라서 예수님이 말씀하신 'ἐγώ εἰμι'는 결국 당신이 하느님의 아들 그리스도이심을 드러내는 표현이라고 볼 수 있습니다. 요한 복음사가가 이 단어를 예수님이 하신 말씀이라고 자주 증언하는 것은 우연의 일치가 아닙니다. 초대 교회에서 가장 중요한 신앙고백은 예수님이 바로 하느님의 아들, 메시아, 구세주, 그리스도이심을 믿고 고백하는 것이었습니다.

예수 그리스도는 하느님의 얼굴이고 하느님의 이름이기에, 하느님이 누구신지, 어떤 분인지를 가장 잘 알려줍니다. 그리고 예수님을 통해 알게 된 또 다른 하느님의 얼굴이자 이름은 바로 '사랑의 하느님'입니다. 우리가 부를 수 있고 만날 수 있고, 또 언제나 '우리 곁에 계신 하느님'(Immanuel)은 인간을 너무나 사랑하는 하느님이십니다.

*"하느님은 사랑이십니다"*(1요한 4,16).

# 구약의 하느님과
# 신약의 하느님은 다른 분인가?

"세상 모든 것은 다 지나간다." 자주 들어보셨을 이 문장은 여러 사람이 이야기한 것이지만, 아빌라의 데레사 성녀가 바치셨던 기도의 일부이기도 합니다. 성녀의 대표 작품 중에《영혼의 성》(*El Castillo Interior*)이 있는데, 성녀가 하느님께 기도하고 묵상하며, 하느님과 결합되기까지의 과정을 적은 책입니다. 성녀는 하느님에 대해 계속 생각하다가, 때로는 하느님을 잃어버리기도 하고, 심지어 하느님을 느낄 수 없는 때도 많았습니다. 그러다가 '영혼의 어두운 밤'이라고 하는 가장 밑바닥에서 다시금 하느님을 체험하고, 결국엔 하느님과 일치하게 되는 체험을 이 책에서 묘사합니다. 하느님을 만나는 과정이 얼마나 지난한지, 그리고 이 과정이 행복한 체험인 동시에 엄청난 고독과 절망의 체험이기도 하다는 것을 성녀는 자신의 실제 삶을 통해 증언합니다.

　하느님을 알아간다는 것, 그리고 그분을 믿고 따른다는 것은 매우 벅차고 황홀한 경험입니다. 하지만 하느님에 대한 모든 것은 신비 그 자체입니다. 하느님의 존재를 알기도 쉽지 않고, 하느님께 다가가서 하느님의 은총 안에 지속적으로 머물기도 결코 쉽지 않습니다. 데레사 성녀 역시 이를 잘 알았기에 자신의 신비체험을 비유와 상징으로 설명하였습니다. 인간의 영혼을 '성城'에 비유하여, 그 성이 바깥쪽으로부터 크게 7개 구역으로 나뉜다고 설명합니다. 세례를 받아 처음 들어가는 지역을 1궁방宮房이라 하고, 이후 봉사와 사랑을 통해 2궁방으로, 진지한 신앙을 통해 3궁방으로 가는데, 여기까지는 인간의 노력으로 도달할 수 있는 곳이라고 합니다. 4궁방부터 7궁방까지는 오직 하느님의 은총과 주도로 다다를 수 있는데, 인간은 하느님 앞에서 자신을 온전히 비우고 죽어야만 하느님과 일치할 수 있고, 결국 7궁방에서는 하느님과 완전한 일체, 즉 '영적 결혼'의 상태, 성인聖人이 되는 상태, 성스러워지는 상태가 된다고 합니다.

### 인간은 어떻게 하느님을 알게 되었을까?

하느님은 이스라엘 백성에게 역사를 통해서 당신을 체험하게 하셨습니다. 세상 창조 이후 하느님은 노아를 통해 세상 구원 의지를 드러내셨고, 이후 세상 모든 민족에게 복을 내리기 위해서 아브라함에게서 나온 이스라엘 민족을 당신 백성으로 삼으셨습니다. 하느님께서는 히브리 백성을 이집트의 종살이에서 해방시키셨으며, 시나이산에서 모세를 통해 계약을 맺고, 그들에게 율법을 주셨습니다. 율법 준수를 통한 계약의 실행이 구원의 조건이었기에, 하느님께서는 이스라엘 백성이 죄 지을 때마다 회개하고 율법을 지키도록 예언자들을 통해 말씀하셨습니다. 예언자들은 하느님의 말씀을 백성이 알아들을 수 있도록 해석하고 해설하여 전달하였는데, 이스라엘 백성은 때로는 이 말씀을 잘 들었고, 때로는 자기 맘대로 살았습니다. 하느님은 변치 않는 분이시지만, 인간은 자신의 이익과 편리함이 더 우선이었습니다. 그래서 하느님께서는 예언자들을 통해 여러 번 말씀하셨고, 이스라엘의 회개를 위해 당근과 채찍도 주셨지만, 완고한 인간의 마음은 변하지 않았고, 그래서 결국 당신의 아들 성자 예수 그리스도를 이 땅에 보내주셨습니다.

우리는, 인간의 눈에 보이지 않는 하느님을 예수 그리스도를 통해 볼 수 있게 되었습니다. 하느님의 아들은 인간이 되시어(육화, 강생), 인간이 겪어야 하는 삶의 모든 과정을 직접 겪으시며, 인간에게 삶의 길과 답을 보여주셨습니다. 외로움과 고통과 죽음이라는 과정을 겪으며 살아가는 인간에게 예수님은 참된 삶의 길과 진리에 대해서, 영원한 생명에 대해서 말씀과 행적으로 보여주셨습니다. 하느님은 당신 말씀을 따라 사는 사람들에게 용기를 주셨고, 고통 속에서도 희망하는 법을 가르쳐주셨습니다. "행복하여라, 마음이 가난한 사람들! 하늘 나라가 그들의 것이다"(마태 5,3). 가난이란 물질적 궁핍뿐만 아니라 사회적 궁핍을 포함합니다. 현실이 곤궁한데, 어떻게 행복할 수 있을까요? 물론 가난하다고 해서 행복할 수 없는 것은 아니지만, 오히려 예수님은 가난하기 때문에 행복하다는 역설을 강하게 말씀하십니다. 비록 현실은 불행하지만, 하느님과 함께한다면 행복할 수 있고, 희망할 수 있다는 의미입니다. 즉 행복을 결정하는 가장 중요한 기준은 하느님과 함께하느냐 아니냐 여부라는 것이 예수님의 말씀입니다. 겸손한 자세로 하느님을 전적으로 신뢰하는 사람이 진정 행복하다는 말씀입니다. 예수님이 알려주시는 하느님은 인간의 기대나 욕망과는 다른 것 같습니다. 신앙이란 원래 하느님이 내 뜻을 이루어주시길 바라는 것이 아니라, 하느님의 뜻이 내 안에서 이루어지길 바라는 것입니다.

구약과 신약을 통해 알게 된 하느님의 공통점은 역사를 통해서 체험하고 알게 된 하느님, 우리 인간에게 먼저 다가오셔서 당신을 인격적 혹은 인간적으로 직접 알려주신 하느님입니다. 역사적 체험과 인격적 체험, 이 두 가지는 유다교와 그리스도교 하느님의 중요한 특징이기도 합니다. 물론 인간의 사고와 언어로 표현할 수 있는 능력은 한계가 있기 때문에, 하느님에 대한 모든 것을 성경에 담을 수는 없습니다. 하지만, 성경은 성령의 영감을 받아 기록되었고, 따라서 하느님이 원저자이시기에 분명한 진리를 오류 없이 담고 있습니다. 이 말은 성경의 모든 내용이 사실이라는 뜻이 아니라, 하느님의 구원 의지를 담고 있는 진실이자 진리라는 말입니다. 성경의 인간 저자들은 그 시대의 문화적이고 역사적인 범위 안에서 표현하고 있기에, 표현된 문자 그대로 성경을 해석하는 것은 오히려 위험할 수 있습니다

다. 중요한 점은 구약성경과 신약성경 모두 하느님의 말씀을 기록하고 우리에게 보내는 결정적인 메시지를 담고 있다는 사실입니다.

성경은 과거의 이야기지만, 과거에 갇힌 이야기가 아닙니다. 하느님은 지금, 여기서 말씀하시고, 우리에게 이야기하십니다. 구약성경은 하느님을 창조주·유일신·전능하신 분이라고 알려주는데, 이는 신약에서도 유효한 계시입니다. 구약 역시 살아 있는 하느님의 말씀입니다. 구약에서 구원과 신앙의 긴 역사가 시작되었고, 하느님에 대한 기도와 예배가 이어져 왔습니다. 구약이 없다면 예수님의 말씀도 이해할 수 없을 것입니다. 구약 전체는 하느님의 말씀이 인간이 되신 사건을 준비하는 과정이었습니다. 물론 하느님의 계시는 신약에서 비로소 완성됩니다. 예수 그리스도는 하느님에 대한 답, 인간에 대한 답, 그리고 죽음과 부활과 구원에 대한 답이며, 믿는 이들의 미래에 대한 답입니다. 구약을 통해 알게 된 하느님이 신약을 통해 분명해졌습니다. 예수님은 진리를 비추는 빛입니다. 빛이 있기에, 하느님의 신비를 볼 수 있게 되었습니다. 빛이신 그분을 통해 알게 된 하느님에 대해서 신약성경은 이렇게 고백합니다. "하느님은 사랑이시다"(1요한 4,16). 사랑한다는 것은 상대방을 위해 사는 것이고, 나를 위해 살기를 포기하는 것입니다. 예수님을 체험한 후 교회는 이렇게 하느님은 사랑이시라고 고백했습니다.

하느님을 느끼고 사랑하기는 쉬우면서도 참 어렵습니다. 신앙생활을 하다 보면 하느님의 사랑을 느끼는 경우도 있지만, 느끼지 못하는 경우가 더 많습니다. 데레사 성녀처럼 열심히 기도하고, 하느님을 더 찾을수록 오히려 더 멀어지고, 심지어 '어두운 밤'을 경험하기도 합니다. 하느님을 만나는 길은 쉬운 길이 아닙니다. 일평생 기도하고 봉사하며 사셨던 인도 콜카타의 마더 데레사 성녀 역시 하느님과 함께하는 시간이 때로는 칠흑 같은 암흑의 시간, 고통의 체험이었다고 고백하셨습니다. 하지만, 하느님을 만나는 것은 결국 황홀한 시간이고, 참행복의 시간이었다고 많은 분이 고백합니다. 구약성경과 신약성경의 수많은 성인과 인물이 하느님을 찾아 헤매다 결국 그분을 만났던 것처럼, 성모님께서 쉽게 받아들이기 어려운 일을 마음속에 간직하고 곰곰이 생각하며 기도하셨던 것처럼, 신앙생활은 하느님을 찾아가는 긴 여정이며 순롓길입니다. 그리고 그 길 저 끝에 예수 그리스도가 계십니다.

> 아무것에도 흔들리지 마라,
> 아무것도 두려워하지 마라,
> 세상 모든 것은
> 다 지나가는 것이다.
> 하느님은 변치 않으시니
> 인내는 모든 것을 얻게 하리라.
> 하느님을 소유하는 이에게는
> 부족한 것이 조금도 없고
> 오로지 하느님만으로 충분하다.
> - 아빌라의 성녀 데레사

# 하느님은 한 분? 세 분?

**퀴즈 1** 다음 중 정답은 무엇일까요?
  1) 하느님은 한 분이다.
  2) 하느님은 세 분이다.
  3) 하느님은 한 분이며 동시에 세 분이다.

**퀴즈 2** 그리스도교는 누구를 믿나요?

그리스도교의 신학과 교리에는 어려운 내용이 많습니다. 그렇게 된 첫째 이유는 하느님이 인간에게 주신 천상의 신비와 계시를 식별하고 풀어낸 것이 신학이고 교리이기 때문입니다. 둘째 이유는 이렇습니다. 지난 2천 년간 수많은 교회 지도자, 교회 공동체, 신학자는 물론 다양한 분야 전문가들의 연구와 논의를 거친 결과물이 신학과 교리이기 때문에 결코 단순하지 않습니다. 이 어려운 신학과 교리를 꼭 알아야 하는 걸까요? 어려운 신학과 교리를 쉽게 알 수 있는 방법은 없을까요? 어렵고 복잡한 신학 내용을 쉽고 간단하게 이해시킬 수 있는 방법은 없는 것 같습니다. 대신 반드시 알아야 할 내용을 간단하고 분명하게 정리하고, 강조할 수는 있습니다. 제가 이 책을 쓴 목적이기도 합니다.

먼저, 위에 나오는 두 번째 질문에 대해서는 "그리스도교는 성부와 성자와 성령 삼위일체 하느님을 믿습니다"라고 하면 완벽한 답입니다. "예수님을 믿습니다", "하느님을 믿습니다" 등은 틀린 답이 아니지만, 완벽한 답도 아닙니다. "성부, 성자, 성령, 삼위일체 하느님을 믿는다"고 고백하는 것이 가장 훌륭한 답입니다. 누가 묻는다면 반드시 이렇게 답해야 하고, 가르쳐주어야 합니다.

'삼위일체三位一體'는 다른 어떤 종교에도 없는, 오직 그리스도교에만 있는 신비이자 교리입니다. 하느님은 '삼위'인 동시에 '일체'라는 것, 즉 하느님은 성부·성자·성령으로 구분되지만, 이 삼위의 하느님은 동일한 본질을 지닌 일체라는 신비입니다. 그러므로 위에 나온 첫 번째 질문의 답은 당연히 '1) 하느님은 한 분이다'입니다. 2)나 3)을 주장하는 사람은 이단입니다. 니케아-콘스탄티노폴리스 신경의 첫 구절이 "한 분이신 하느님을 저는 믿나이다"라는 것을 꼭 기억해야 합니다. '삼위일체 하느님'의 신비란 한 분 하느님에 대한 신비이자, 세 위격으로 형상화되는 신비입니다. 따라서 삼위일체론에서 가장 중요한 쟁점은 완벽하게 구분되는 세 위격이 어떻게 본질적으로 동일한가에 대한 물음과 답변입니다.

'위격位格'이라는 말은 그리스어 πρόσωπον(prosôpon)를 번역한 것으로 라틴어로는 persona, 영어로는 person을 의미합니다. 즉, 위격이란 인격 혹은 인간을 의미합니다. 그런데 이 단어는 하느님이 세 명, 세 분이라는 의미가 절대 아닙니다. '위격'의 의미는 독립적이고 개별적인 실체, 즉 서로 구분되고 차이가 나는 특성을 말하는 것일 뿐, 하느님이 세 분이라고 말하는 것이 절대 아닙니다. 인간의 언어로 하느님의 삼위일체를 말하는 것은 불가능하기에, 그저 인간이 이해할 수 있는 방식으로, 즉 성부와 성자와 성령은 서로 구분되고, 서로 개별적인 하느님이심을 표현할 뿐입니다. 하느님은 당연히 한 분입니다.

자, 이제 삼위일체 교리를 다 이해하셨나요?

아마도 그런 분은 없을 것입니다. 삼위일체 신비를 다 이해하고, 온전히 설명한 사람은 지난 2천 년 동안 아직 단 한 명도 없습니다. 완벽히 이해했다고 주장(!)하는 사람들이 더러 있었지만, 실제로 완벽하게 설명해낸 사람은 단 한 명도 없습니다. '신비'라고 일컫는 것들은 인간의 머리와 이성으로 이해할 수 없는 것입니다. 삼위일체에 관한 신비는 신비 중에서도 가장 심오한 신비라고 할 수 있습니다. 그렇다면 도대체 이 어려운 삼위일체 교리는 어디에서 출발한 것이고, 교회는 왜 이 신비를 이야기하고 가르칠까요?

구약에서 가장 핵심적인 신앙은 '하느님은 한 분이시다!'라는 유일신론이었습니다. 이스라엘 백성에게 다른 '신들'은 신이 아니었고, 오직 '야훼 하느님'만이 그들의 신이었습니다. 하느님에 대한 신앙이 강조되었고, 신앙의 반대말은 우상숭배였습니다. 그런데, 예수님이 이 땅에 오셔서 인간들과 함께 살고, 수난과 죽음과 부활 그리고 승천을 겪은 후에 예수님 역시 그리스도, 즉 하느님의 아들이라고 믿고 고백하게 되었습니다. 십계명의 첫 번째 계명처럼 하느님은 오직 한 분이신데, '또 다른'(?) 하느님을 체험한 후에 사람들은 혼란스러워 합니다. 하지만, 예수님이 어떤 분인지를 직접 겪고 경험한 사람들은 "예수님께서 메시아이며 하느님의 아드님이심"(요한 20,31)을 믿고 고백하게 되었습니다. 예수 그리스도 역시 성부처럼 하느님이심을 알고 믿게 됩니다. 그리고 얼마 지나지 않아 성령의 강림을 시공간 안에서 역사적으로 체험하게 되었고, 이후 성령께서도 하느님이심을 믿고 고백하게 됩니다. 이처럼 성부 하느님과 성자 예수 그리스도, 그리고 성령의 존재를 역사적 체험을 통해 알게 된 삼위일체를 '구원 경륜적救援經綸的 삼위일체'라고 합니다. '구원경륜'이라는 단어는 '구원의 역사', '구세사'와 비슷한 말로, 구원의 역사를 통해 하느님이 삼위이시며 일체이심을 알았다는 것을 뜻하는 신학 용어입니다.

참고로 '내재적內在的 삼위일체'라는 신학 용어도 있는데, '내재적'이라는 말은 역사적으로 인간이 알지 못하고 체험하지 못하는 부분까지 포함해서 영원으로부터 실재하시는 하느님 자체를 표현하는 말입니다. 성부·성자·성령 삼위의 하느님은 당연히 창조 이전부터 계셨고, 구원의 역사 안에서 인간은 하느님을 아버지와 아들과 영으로 체험했지만, 내재적 차원에서는 다를 수 있습니다. 정확하게 말하면, 인간이 아는 부분은 매우 제한적입니다.

구원의 역사에서 체험한 하느님은 성부가 더 중심적이고, 성자와 성령은 마치 '성부의 두 손'처럼 보이기도 하지만, 내재적인 차원에서는 성부와 성자와 성령이 완전히 동일하고 한 분이십니다. 즉 구원의 역사에서는 삼위의 구별과 차이가 강조되지만, 내재적 차원에서는 하느님 본질의 일체가 강조됩니다.

오늘날에도 삼위일체론에 대한 신학과 교리는 쉽지 않습니다. 초기 그리스도교에서는 더더욱 혼란이 많았고, 하느님이 한 분인지, 아니면 한 분이 아닌지에 대해서 여러 이단이 혼란을 야기했고, 교회는 거기에 대한 답을 내놓기 위해 수많은 논의와 논쟁을 거쳐야 했습니다. '삼위일체이신 한 분 하느님'이라는 결론을 내놓기까지 교회는 많은 노력을 해야 했고, 또 시간이 필요했습니다. 이 모든 과정의 결론, 즉 삼위일체론에서 가장 중심이 되는 내용은 바로 예수 그리스도에 대한 신앙입니다. 즉 예수님이 참하느님이시자 참인간이라는 내용입니다. 예수님 안에는 신성과 인성이 각각 몇 퍼센트씩 있는가 하는 논쟁이 있었습니다. 결론을 먼저 말씀 드리자면, 예수님 안에는 신성이 100%, 인성이 100% 내재해 있고, 예수님 안에서 신성과 인성은 완전히 일치하면서도, 동시에 혼합되거나 분리되지 않는다고 교회는 심도 있는 신학적 논의를 통해서 고백합니다. 따라서 삼위일체론이란 참하느님이자 참인간이신 예수 그리스도에 대한 신앙의 결론이 어떻게 이루어졌는가, 어떻게 가능한가를 묻고 이해하는 과정입니다. 초기 교회와 지난 2천 년 동안 수많은 뛰어난 신학자가 바로 이 문제에 대한 적합한 과정과 타당한 결론을 내기 위해 노력했지만, 아직 완벽한 해석과 해설은 나오지 않았습니다. 삼위일체론과 관련해서 지금까지 나온 결론은 '증명 불가'라는 사실뿐입니다. 삼위일체 하느님에 대해서 비유적으로 또는 상징적으로 설명할 수는 있지만, 인간의 머리와 이성으로 정확하게 논증하는 것은 불가능하다는 것이 지금까지 논의의 결과입니다. 만일, 여러분 중 누군가가 삼위일체 신비에 대한 정확한 논증과 답을 제시한다면, 그 사람은 토마스 아퀴나스와 같은 교회 박사가 되실 수 있습니다. 한번 도전해 보시겠습니까?

# 6

## "하느님은 사랑이십니다" (1요한 4,16)

가톨릭교회의 '회칙回勅'은 교황이 신자들에게 사목적인 차원에서 발표하는 가장 높은 등급의 문헌입니다. 예를 들어 성인聖人 교황이신 요한 바오로 2세는 27년간 재임하시면서 사목 활동도 활발히 하셨지만 문헌도 많이 남기셨습니다. 회칙 14편, 교황 권고 15편, 교황령 11편, 교황 교서 45편 등을 반포하셨습니다. 현 교황 프란치스코는 2019년 현재 회칙 2편, 즉 〈신앙의 빛〉(Lumen Fidei, 2013)과 〈찬미받으소서〉(Laudato Si', 2015), 그리고 교황 권고 여러 편을 반포하셨습니다. 그리고 전임 교황이자 현재 공식 명칭이 '은퇴 교황'(Papa Emeritus)인 베네딕토 16세 교황은 회칙을 총 세 편 반포하셨습니다. 이분은 교황이 되시기 전부터 워낙 유명한 신학자였기에, 이분의 첫 번째 회칙의 주제와 내용이 무엇일지 많은 사람이 궁금해했습니다. 그런데, 철학적이거나 신학적인 제목이 아니라, 〈하느님은 사랑이십니다〉(Deus Caritas Est, 2006)라는 제목의 회칙을 첫 번째로 세상에 내놓으셔서 뜻밖이라는 평가가 많았습니다. 이 제목은 신약성경 요한 1서 4,16에 나오는 유명한 표현이고, 또한 하느님의 속성을 드러내는 가장 대표적인 표현이며, 그리스도인들에게 매우 친숙한 구절입니다.

이 회칙은 하느님의 사랑을 제대로 알고 믿는 데서 우리의 신앙이 시작되고 완성된다고 가르칩니다. 이 회칙에서 특히 주목할 만한 것 중 하나는 사랑의 본질에 대한 논의입니다. 그리스도교에서 말하는 사랑이란 무엇인가, 그리고 하느님이 지니고 계신 사랑이 어떤 것인가, 그래서 우리가 추구해야 하는 사랑이란 본질적으로, 정확히 무엇인지를 묻고 답하는 것이 이 회칙, 특히 제1부의 중심 내용입니다. 그렇다면, 우리말로 '사랑'이라고 번역되는 대표적인 단어인 '에로스(eros)'와 '아가페(agape)' 중에 우리가 흔히 하느님의 사랑이라고 부를 수 있는 것은 어떤 것일까요? 독자 여러분은 정답을 찾으셨나요?

회칙은 에로스와 아가페의 차이와 일치에 대해 언급합니다. 회칙에서는 이 두 가지를 그리스 철학의 개념을 통해서 심도 있게 설명하는데, 이를 쉽고 간단하게 요약하면 다음과 같습니다.

에로스라고 불리는 사랑은 창조주께서 인간 본성 안에 심어주신 것인데, 현재는 그 본래 품위를 잃고 단순히 성적인 의미로 전락하여 상품화되곤 합니다. 그런데 이 단어의 원래 의미는 내가 중심이 되는 사랑, 즉 내가 원하고 바라는 바가 중심이 되는 사랑, 내가 좋아서 하는 사랑입니다. 결국 에로스적인 사랑이 지향해야 하는 바는 단순히 육체적인 차원의 쾌락이나 황홀경이 아니라, 인간의 몸과 영혼이 조화를 이룸으로써 자신을 벗어나 하느님을 발견하게 되는 사랑을 의미합니다.

반면에 아가페라고 불리는 사랑의 속성은 도움과 사랑을 필요로 하는 상대방이 중심이 되는 사랑, 봉헌하는 사랑이라고 할 수 있습니다. 즉 내가 지금 힘들고 어려워도, 나보다 더 어려운 사람이 있을 때 선뜻 나서게 하는 힘을 아가페적인 사랑이라고 할 수 있습니다. 인간을 향해 겸손하게 내려오시는 하느님의 사랑을 이렇게 표현할 수 있겠지요.

그렇다면 하느님의 사랑은 이 둘 중에 어떤 것일까요? 하느님의 사랑은 이 두 가지를 다 포함하고 이 두 가지가 일치된 사랑입니다. 에로스와 아가페는 다른 차원이기는 하지만, 서로 분리해서는 안 됩니다. 이 둘이 올바른 균형을 이루어야 사랑의 참본질이 실현됩니다. 두 가지 모두 하느님에게서 온 것이고, 하느님이 인간 마음 안에 심어주신 선물이라는 사실을 잊어서는 안 됩니다. 하느님이 보여주신 사랑은 이 둘의 결합입니다. 에로스는 본래 누군가를 갈망하면서 다가가게 하는 힘인데, 누군가에게 다가가서 자신의 행복보다는 그 사람의 행복을 추구하고 그 사람을 위해 존재하고 싶은 열망을 갖게 됩니다. 다른 사람을 위하여 그 사람의 일부가 될 때 아가페적인 사랑은 완성됩니다. 하느님은 인간을 그 자체로 너무 사랑하시고, 또한 어려움에 처한 인간을 그냥 지나치지 못하십니다. 당신 자신이 원하셔서, 그리고 인간의 곤궁한 처지 때문에 하느님은 인간을 사랑하십니다.

이 회칙에서는 먼저 에로스적이고 아가페적인 사랑의 본질을 깨닫고, 이 두 가지 사랑 사이의 조화와 균형을 회복하는 것이 하느님의 사랑이라고 강조합니다. 동시에 이러한 하느님의 사랑은, 하느님의 육화된 사랑인 예수 그리스도에게서 가장 잘 드러난다고 이야기합니다. 사랑 자체이신 하느님께서 당신 자신을 낮추시어(케노시스 Kenosis, 자기 낮춤, 자기 비허) 인간이 되심으로써, 인간의 품격을 높여주셨고 인간에게 참된 하느님의 사랑을 알려주셨습니다. 결국 예수님은 인간을 구원하고자 자신을 내어주신 십자가 죽음을 통하여 가장 숭고한 사랑을 보여주셨습니다. 또 수난과 죽음을 겪으시기 전날 밤 성찬례를 제정하셔서 빵과 포도주의 형상으로 우리에게 당신의 사랑과 현존을 지속하셨습니다. 성찬례에서 만나는 그리스도의 몸과 피를 통해서 우리는 예수님과 결합되고, 동시에 그분께서 당신 자신을 내어주시는 다른 모든 이와 결합됩니다. 예수님의 몸을 통해 우리는 '한 몸'이 되고, 이를 통해 우리는 하느님 사랑과 이웃 사랑에 참여하게 됩니다.

그리스도교에서 '사랑'을 표현하는 단어는 에로스나 아가페 이외에 카리타스(caritas)나 아모르(amor) 등도 있습니다. 그중 보통 인간 사이의 사랑을 가리키는 amor가 의미하는 사랑 역시 하느님의 본질을 잘 설명해줍니다. 라틴어 amor는 'anti'(반대하는)와 'mors'(죽음)로 이루어진 단어로, '죽음에 반대한다'는 뜻을 가집니다. 즉 amor는 지속적으로 생명을 지향하는 사랑입니다. 생명이란 무엇일까요? 살아 있는 것은 끊임없이 움직입니다. 어린아이는 계속 움직이고, 죽음을 앞둔 노인은 잘 움직이지 않습니다. 생명력은 활동하고 끊임없이 변화하는 힘입니다. 사랑이란 바로 생명이 꺼지지 않게 계속 유지하려는 노력입니다. 그러므로 생명을 살리려는 노력이 곧 사랑의 실천입니다. 우리 교회는 생명을 보존하고 아끼는 데에 큰 노력을 기울입니다. 왜냐하면 생명을 살리고 유지하는 것이 바로 하느님의 사랑을 증거하고 증언하는 노력이기 때문입니다. 하느님 = 사랑 = 생명입니다.

### "하느님은 사랑이십니다!"(Deus Caritas est)

성부, 성자, 성령 삼위일체 하느님의 가장 깊은 본질은 사랑이라고 성경은 기록합니다. 그리고 교회는 역사적 체험을 통해 그것을 증언합니다. 하느님은 사랑이시고, 또 사랑은 언제나 하느님에게서 시작되기에, "사랑 안에 머무르는 사람은 하느님 안에 머무르고 하느님께서도 그 사람 안에 머무르십니다"(1요한 4,16). '머무르는 것'은 가장 깊은 사랑의 본질 중 하나입니다. 요한복음 1장에서 요한의 두 제자는 예수님이 지나가실 때 '어디에 머무시는지' 물었고, 예수님은 그들에게 "와서 보아라" 하고 말씀하셨습니다. 그래서 그들은 예수님과 함께 머물렀다고 성경은 기록합니다(요한 1,35-42 참조). 거기서 무엇을 했는지, 어떤 말씀을 들었는지 알 수 없지만, 확실한 것은 그들이 그분 곁에 머물렀고, 머무른 이후에 그들은 평생을 예수님과 함께 지내게 되었다는 사실입니다. 예수님 곁에 머무른 사람은 예수님을 알게 되었고, 그분을 사랑하게 되었습니다. 사랑 안에 머무르면 하느님 안에 머무르게 되고, 하느님 안에 머무르면 사랑을 깨닫게 됩니다. 예수 그리스도는 이 땅에 내려오신 하느님의 사랑입니다. 아무도 하느님을 본 사람은 없었는데, 예수님을 통해 인간은 아버지 하느님을 볼 수 있게 되었고 더 가까이에서 만나고 머물 수 있게 되었습니다. 그분께서 '먼저' 우리를 사랑하셨기에, 이제 우리도 그분께 사랑으로 응답할 수 있습니다.

> "하느님께서는 세상을 너무나 사랑하신 나머지
> 외아들을 내주시어,
> 그를 믿는 사람은 누구나 멸망하지 않고
> 영원한 생명을 얻게 하셨다"(요한 3,16).

# 구원이란?
## -하느님의 은총을 통해서-

"은총은 본성을 전제하고, 이를 완성한다"(Gratia supponit naturam et perficit illam). 토마스 아퀴나스가 한 유명한 말입니다.

20세기 스위스의 저명한 가톨릭 신학자인 한스 우르스 폰 발타자르는 2천 년 그리스도교 역사상 가장 위대한 세 명의 신학자로 고대 서방 교회의 아우구스티누스, 동방 교회의 오리게네스, 그리고 중세의 토마스 아퀴나스를 꼽았습니다.

토마스 아퀴나스의 이 말은 많은 의미를 함축하고 있습니다. 예를 들어, 예수님께서는 마치 햇빛과 비가 선인이나 악인에게 차별 없이 내리는 것처럼 하느님의 은총도 누구에게나 전해진다고 말씀하셨습니다. 하지만 실제로는 어떤 사람은 은총을 많이 받은 것처럼 보이고, 어떤 사람은 아무리 노력해도 삶이 늘 어렵고 힘들게 보이는데, 위의 경구는 이러한 질문에 대한 적절한 대답이 될 수 있습니다. 하느님께서는 우리 모두에게 넘치는 은총을 주시지만, 대부분의 사람들은 하느님이 은총을 주셔도 알아보지 못하고, 제대로 받지 못합니다. 그 이유는 다양합니다. 신앙이 성숙하지 못하여 은총을 받지 못하는 경우, 은총을 받을 준비나 태도가 갖추어져 있지 않거나 죄의 상태에 있는 경우, 은총을 이미 받았지만 깨닫지 못하는 경우 등이 있습니다. 그러면, 은총은 인간의 본성을 전제하고, 이를 완성한다는 말은 무슨 뜻일까요? 우선, 하느님께서 은총을 베푸실 때 인간의 본성을 존중하여 우리에게 알맞은 방식으로 은총을 주신다는 의미입니다. 그리고 동시에 이 말은 하느님이 주신 은총을 알아보고 잘 받아들이기 위해서 인간은 자기 본성의 능력을 깨닫고 하느님께 응답하고 협조해야 한다는 뜻입니다.

그런데, '은총'이란 무엇인가요? 은총이라고도 하고, 은혜라고도 하는데, 이 둘은 서로 다른 말인가요?

"여러분은 우리 주 예수 그리스도께서 얼마나 은혜로우신지를 잘 알고 있습니다."

"여러분은 우리 주 예수 그리스도의 은총을 알고 있습니다."

위의 두 구절은 2코린 8,9의 원문에 있는 그리스어 '카리스'(χάρισ)를 공동번역 《성서》와 새번역 《성경》이 각각 '은혜'와 '은총'으로 번역한 내용입니다. 두 단어 사이에 특별히 큰 차이는 없지만, 문맥에 따라서 보통 은혜라는 단어는 사람 사이의 고마운 관계를 표현할 때 쓰고, 은총이라는 단어는 1코린 1,3에서 "주 예수 그리스도에게서 은총과 평화가 여러분에게 내리기를 빕니다"와 같이 하느님과의 관계를 표현할 때 사용합니다. 즉 은총이란 인간과 세상을 구원하기 위한 하느님의 뜻과 의지라고 할 수 있고, 은혜는 은총을 깨닫는 인간의 상태와 자세를 말한다고 할 수 있습니다.

'은총' 또는 '은혜'로 번역되는 구약성경의 히브리어 단어는 헤세드(חֶסֶד hesed), 라함(רַחַם raham), 헨(חֵן hen)입니다. 이 단어들은 하느님이 베푸시는 자비, 호의, 친절, 사랑 등을 뜻합니다. 이 단어를 그리스어로 번역한 것이 '카리스'입니다. 우리가 흔히 사용하는 '카리스마'라는 단어의 뜻은 하느님이 주신 특별한 선물, 즉 은총입니다. 따라서 은총이란 인간의 행복과 완성, 그리고 구원을 위한 하느님의 따뜻한 마음, 호의적 선물, 무상의 사랑이라고 할 수 있습니다.

인간은 창조될 때 하느님의 모상으로 만들어진 존재이기에, 하느님을 닮았고 비슷한 모습이 영혼 안에 새겨져 있습니다. 살아 계신 성령의 궁전인 인간의 마음은 창조 당시에는 그 자체로 하느님을 알고 사랑하고 닮을 수 있었습니다. 하지만 인간이 지은 죄, 즉 원죄原罪 때문에 인간의 영혼은 망가지고 혼탁해져서 자기 힘만으로는 하느님과 일치할 수 없게 되었습니다. 그래서 하느님께서는 창조 사건 이래 인간을 도와주시고자 수많은 사건과 기적을 다양하게 보여주셨고, 여러 예언자를 통해 당신 말씀을 전해주셨습니다. 그리고 가장 결정적인 순간에 외아들을 이 땅에 보내주셨습니다. 구약과 신약의 이 모든 사건과 계시는 인간에게 은총을 베풀고 구원하시기 위함입니다. 하느님의 은총은 언제나 인간이 하느님을 알고 하느님께 향하도록 도와주는 힘이고, 인간을 올바로 살게 하시려는 하느님의 도움입니다.

그리스도교에서 구원은 인간 스스로의 힘만으로는 불가능합니다. 그리스도교는, 자력으로 구원에 이른다고 가르치는 불교와 달리, 철저하게 하느님의 은총을 통해 구원에 이르는 종교입니다. 착하게만 살면 구원을 받을 수 있는 것이 아니라, 하느님에 대한 믿음, 더 정확히 말하면 예수 그리스도를 통해 하느님을 알고 믿고 의지하면 구원받을 수 있다는 것입니다. 즉 인간을 구원하는 하느님의 은총이 바로 예수 그리스도입니다.

## 내적 은총과 외적 은총

내적 은총이라는 것이 있습니다. 모든 인간 안에는 성령의 내적 은총의 힘이 존재하기에, 이 내적 은총의 힘은 그리스도인이 아니어도 가지고 있으며, 이 은총의 힘을 통해 구원에 이를 수 있다는 설명도 가능합니다. 하지만, 인간은 근원적인 죄, 즉 하느님을 거스르는 원죄를 지은 후, 자유와 영혼의 능력이 제한되었습니다.

외적 은총이란, 창조된 세계에 실제 작용하는 가장 중요한 은총으로서 예수 그리스도의 십자가 수난 공로를 통해 역사 안에 구체적으로 주어진 하느님의 은총을 말합니다. 예수 그리스도를 통하여, 예수 그리스도 안에서, 예수 그리스도와 함께 체험하고 누리는 것이 외적 은총입니다. 예수 그리스도는 은총을 받는 방법이자 과정이며, 은총 자체라고 가톨릭교회는 가르칩니다.

따라서 인간은 세례를 통해, 자신 안에 있는 죄의 근본적인 속성에서 벗어날 수 있습니다. 그리고 예수님을 유일하신 그리스도, 메시아, 구세주라고 믿고 또 그분의 가르침대로 산다면 은총을 받아 구원될 수 있습니다. 예수님은 하느님께 이르는 길이고, 교회는 예수 그리스도께로 이끄는 길입니다.

## 은총 자체이신 예수님, 은총 가득하신 성모님

예수님과 성모님에게서 은총의 의미가 명확히 드러납니다. 예수님을 규정하는 가장 중요한 표현은 '하느님의 말씀'입니다. 하느님은 말씀을 통해서 세상을 창조하셨고, 이 세상은 말씀을 통해 시작되었고, 지금 완성을 향해 나아가고 있습니다. 하느님의 말씀은 인간을 살리는 힘이고, 하느님의 뜻과 의지이며, 구원 은총 자체입니다. 하느님의 모든 것은 말씀을 통해 실현되고, 말씀이신 그리스도는 하느님의 은총 자체입니다. 그리스도를 안다는 것은 은총이 무엇인지를 아는 것이고, 그리스도를 만난다는 것은 은총을 마주하고, 받아들이는 것입니다. 예수 그리스도가 바로 하느님의 은총입니다.

그리고 성모님은 은총의 여인이십니다. '은총이 가득하신 마리아님'이라고 우리가 매일 기도하는 것처럼 성모님은 은총을 가득히 받으신 분입니다. 성모님이 은총을 가득하게 받으신 이유는 다름이 아니라, 예수님 때문입니다. 예수님이 이 땅에 오실 때, 그 의미를 정확히 이해하지는 못하셨지만, 성모님은 "예!"(Fiat) 하고 대답하심으로써, 하느님을 믿는 사람의 기본자세가 신앙과 순종, 즉 신앙적 순종이라는 것을 분명히 보여주셨습니다. 성모님이 하느님을 열심히 믿고 따랐지만, 결국 하느님은 마리아의 사랑하는 외아들이 비참하게 십자가에 못 박혀 죽도록 내버려두셨습니다. 그러나 성모님은 하느님을 원망하지 않고 더 열심히 하느님을 믿고 따랐습니다. 신앙이란 무엇인가, 은총이란 무엇인가에 대해서 예수님과 성모님이 정답을 알려주십니다. 예수님이 성부 하느님께 순종하신 것처럼 성모님도 성부 하느님께 순종하셨고, 예수님 곁에서 너무 멀지도 않고 너무 가깝지도 않게 머무르셨으며, 언제나 예수님 말씀대로 사셨습니다. 그랬기에 성모님은 은총이 가득하신 분이 되었고, 모든 믿는 이의 어머니가 되셨습니다.

은총이란 무엇일까요? 신앙을 통해 알아볼 수 있고, 온전히 받을 수 있는 것입니다. 은총을 통해 구원에 이르는 것이 신앙의 목적이라고 할 수 있으므로, 구원이란 은총의 길을 따라가는 것입니다.

# 8

## "믿음은 들음에서 오고"(로마 10,17)

강원도 양양에 낙산사라는 고찰이 있습니다. 바닷가 근처 언덕에 자리 잡아 경치도 좋고, 볼 것도 많아서 마음의 휴식과 여유를 갖기에 좋습니다. 몇 해 전 낙산사에 계신 스님을 통해 절의 유래, 문화재, 불교 등에 대해 이런저런 설명을 들을 기회가 있었습니다. 그중에 제 눈과 귀에 가장 많이 남았던 것은 바로 해수관음상海水觀音像이라는 거대한 석불이었습니다. 동양 최대 규모이자 최고最古인 이 석불상은 관음보살의 상징적 이미지를 잘 보여줍니다. 관음보살은 부처님이 다녀가신 후와 미륵보살이 오기 전, 그 사이에 이 세상에서 사람들의 어려움을 보살피고 도와주는 은인입니다. 마치 그리스도교에서 예수님이 오셔서 복음을 전하신 후, 예수님의 재림으로 세상 종말이

오기까지 사이의 시간에 성령께서 사람들의 처지를 헤아려 도와주시는 것과 비슷한 게 아닌가 하는 생각을 해봤습니다. 무엇보다 '관음觀音'보살은 이름처럼 소리를 통해서 세상과 인간의 어려움을 아는 분이고, 중생이 고통 중에 신음하는 소리에 귀를 기울이는 분이라는 사실이 매우 인상적이었습니다.

탈출기 2장에는 이스라엘 사람들이 고역에 짓눌려 탄식하며 부르짖는 장면이 나오고, "그들의 소리가 하느님께 올라갔다"(2,23)라는 표현이 나옵니다. 고통의 소리, 기도의 소리가 하느님께 전해집니다. '소리'는 하느님께서 인간의 처지를 알게 되는 수단입니다. 하느님께서는 이스라엘 백성의 신음 소리를 들으시고, 그들의 조상들과 맺은 계약을 기억하셨으며, 이후 모세를 그들에게 보내셨다고 성경은 증언합니다. 왜 하느님께서는 이스라엘 백성이 울부짖기 전에 그들을 도와주지 않으시고, 그들의 부르짖음을 듣고 나서야 도와주셨을까요? 우리가 어렵고 힘든 것을 하느님은 잘 모르실까요? 아니면 관심이 없으실까요? 아니면 선별적으로 은총을 주시는 걸까요? 하느님의 뜻을 인간이 모두 헤아리는 것은 불가능합니다. 참새는 봉황의 뜻을 모르고, 피조물은 창조주의 뜻을 다 알 수 없습니다. 하지만, 언제나 기억해야 하는 것은 하느님은 인간을 사랑하신다, 그리고 하느님은 나를 사랑하신다는 사실입니다. 아직 온전하게 하느님의 뜻을 이해할 수 없지만, 기다려보면 하느님께서는 언제나 우리에게 가장 좋은 것을 주십니다.

왜 하느님은 우리가 부르짖기 전에 먼저 도와주시지 않을까요? 하느님은 항상 우리를 돌보고 계십니다. 평소에 우리가 잘 알지 못하고 느끼지 못하지만, 우리가 살 수 있도록 많은 것을 베풀고 도와주십니다. '돌아보면 발자국마다 은총이었네'라는 말처럼, 우리 삶의 힘든 순간에 하느님께서는 늘 우리와 함께하시고, 우리가 아플 때 우리보다 더 아파하시는 분입니다. 그런 하느님께서는 당신 외아들 예수님이 십자가에서 고통스럽게 못 박혀 죽어갈 때에도 모든 것을 하실 수 있었지만 아무것도 하지 않으셨습니다. 모든 인간의 죄를 씻기 위한 제물이 되셔야 했기에, 그리고 모든 인간이 겪어야만 하는 삶의 고통과 슬픔을 어떻게 받아들여야 하는지를 직접 보여주셔야 했기에 예수님은 말없이 고통을 받아들이셨고, 하느님은 함께(com) 고통(passio)을 겪으셨습니다. 우리도 마찬가지입니다. 우리의 신앙이 맞는 것이라면, 우리의 어려움과 고통을 하느님께서 잘 알고 계실 것입니다. 별 문제없이 일상을 살아갈 때 우리는 하느님을 찾지 않지만, 그때도 하느님은 우리를 돌보십니다.

2020년 봄 코로나 바이러스 때문에 온 세상이 고통스러울 때 행복은 좋은 일이 생기는 것뿐 아니라 아무 일 없는 것이기도 하다는 깨달음을 많은 사람이 얻었습니다. 아주 어렵게 발견한 네잎클로버가 행운이라면, 늘 우리 곁에 있는 흔한 세잎클로버는 행복이라고 할 수 있습니다. 하느님께서 언제나 우리와 함께하시기에, 아무 일 없는 평범한 일상이 가능합니다.

### "믿음은 들음에서 오고"(로마 10,17)

신앙에서는 '듣는 것'이 중요합니다. '믿음은 들음을 통해서!'(Fides ex auditu). 하느님 말씀을 듣는 것은 신앙 행위이자 그 자체로 가장 중요한 신앙의 내용입니다. 그래서 구약의 이스라엘 백성은 하느님 말씀을 듣는 것을 무엇보다 중요하게 여겼고, 언제나 신명기 6,4의 말씀인 '쉐마 이스라엘'(שְׁמַע יִשְׂרָאֵל, Shema Israel 들어라 이스라엘아!)을 자주 암송하며, 머리와 가슴에 간직했습니다. 이스라엘에 가면 특이한 장식을 하나 볼 수 있습니다. 유다인의 집 출입구나 심지어 유다인의 호텔 입구에서도 볼 수 있는 '메주자'(Mezuzah, 문설주)가 그것입니다. 출입구 기둥에 붙어 있는 이 작은 장식물은, 탈출기에 나오는 열 번째 재앙 때 이스라엘 사람 집 문설주에 어린양의 피를 발랐던 것을 기억하는 데서 유래했으며, 이 메주자 안에는 신명기 6,4-9의 말씀 두루마리가 들어 있다고 합니다. 그래서 이 말씀이 적힌 두루마리를 메주자라고도 합니다. 신명기 6장은 우리가 믿는 하느님만이 오직 진정한 하느님이라는 말씀, 그 하느님을 몸과 마음을 다해 사랑하라는 말씀, 그리고 이 말씀들을 마음에 새기고, 언제나 어디서나 기억하고 기록하라는 말씀입니다. 그래서 신명기 6장의 이 내용은 이스라엘 사람들이 날마다 외우는 일종의 신앙 고백문입니다. '들어라 이스라엘아!'는 하느님 백성으로서의 자기 정체성을 확인하기 위한 신앙 행위입니다. 그리스도교 신앙생활에서 듣는 행위의 중요성은 구약의 히브리적인 영향, 이스라엘 신앙의 특징이라고 할 수 있습니다.

　신앙생활의 시작과 중심에 가장 중요한 것은 하느님 말씀을 귀와 마음으로 듣는 것입니다. 듣는다는 것은 하느님을 인식하고, 하느님께 순명한다는 의미입니다. 알고 믿기 위해서는 먼저 들어야 합니다. 따라서 하느님의 말씀이신 예수 그리스도의 말씀과 행적, 즉 복음을 듣고 아는 것이 신앙입니다. 양 떼는 착한 목자의 목소리를 알아들어야 하고, 제자들은 부르심을 알아들어야 합니다. 그리스도교 신앙은 언제나 그리스도에 중심을 두어야 합니다.

신앙이란 듣는 것이며 동시에 보는 것이기도 합니다. 구약성경에서도 듣는 것과 보는 것은 하나로 결합됩니다. 하느님 말씀을 듣는 것은 결국 그분의 얼굴을 뵙고자 하는 갈망과 연결됩니다. 그리고 복음서, 특히 요한복음서를 보면 신앙은 듣는 것이며 보는 것이라는 사실이 잘 드러납니다. '예수님께서 하신 일을 보고 … 예수님을 믿게 된'(요한 11,45) 유다인들처럼 예수님의 행적을 보는 것이 믿음에 선행되기도 합니다. 그리고 "네가 믿으면 하느님의 영광을 보리라"(요한 11,40) 하신 말씀처럼 믿는 것과 보는 것은 밀접하게 연관되어 있습니다. 예수님을 보는 것은 그리스도를 믿고 따르는 일로 이어집니다. 첫 제자들이 예수님을 만난 후에 "우리는 메시아를 만났소"(요한 1,41)라고 고백했고, 부활하신 예수님을 만난 후에 마리아 막달레나 역시 제자들에게 가서 "제가 주님을 뵈었습니다"(요한 20,18)라는 결정적인 고백을 하게 됩니다. 물론 그리스도교 신앙은 그저 예수님을 바라보는 것이 아니라 예수님께서 보시듯이 그분의 눈으로 사물을 바라보는 것입니다. 그분께서 세상을 바라보시는 방식에 참여하는 것이 신앙입니다.

그리스도교 신앙에 대한 답은 예수 그리스도입니다. "나를 보는 사람은 나를 보내신 분을 보는 것"(요한 12,45)이라는 말씀처럼 예수님은 하느님을 보여주시고 비춰주시는 빛입니다. 예수 그리스도는 신앙의 빛입니다. 예수님 안에서 하느님께서 인간에게 건네신 말씀은 단순히 많은 말씀 가운데 한 말씀이 아니라 그분의 영원한 말씀입니다(히브 1,1-2 참조). 우리 구원의 내용과 방법과 목표는 예수 그리스도입니다.

> "하느님께서 우리 마음을 비추시어,
> 예수 그리스도의 얼굴에 나타난 하느님의 영광을
> 알아보는 빛을 주셨습니다"(2코린 4,6).

# 하느님이 주시는 은총, 평화, 구원

"행복한 가정은 모두 모습이 비슷하고, 불행한 가정은 모두 제각각의 불행을 안고 있다"《안나 카레니나 1》, 민음사, 2009). 세계 문학 사상 가장 유명한 첫 문장으로 손꼽히는 톨스토이의 소설 《안나 카레니나》의 구절입니다. 이 대목은 해석하기에 따라 다양한 의미와 함의가 있겠지만, 저는 이 문장을 이렇게 해석할 수 있다고 생각합니다. '우리가 행복하기 위해서는 인간으로서 지닌 각각의 조건들이 모두 평균값 이상이어야 한다.' 즉 건강, 재산, 현재와 미래, 가족과 자신이 맡은 일 등등의 조건들이 하나도 빠짐없이 모두 평균 이상일 때 인간은 행복할 수 있다는 것입니다. 반대로 거의 모든 것을 갖췄지만 단 한 가지라도 결정적인 문제가 있다면 인간은 행복하기가 쉽지 않다고 이야기할 수 있습니다. 인간의 삶은 행복하기도 쉽지 않고, 그 행복을 유지하기도 쉽지 않습니다. 인간의 실존, 삶의 어려움과 고통이라는 문제에 대해, 굳이 인간의 삶은 고해苦海라는 부처님 말씀을 인용하지 않더라도, 한 인간으로 살아가는 일이 결코 쉽거나 만만하지 않다는 것에 대부분의 사람이 공감할 수 있습니다. 그렇다면 우리 삶에서 고통과 고민을 줄이는 것이 가능할까요? 행복이 가득한 삶은 과연 가능할까요?

석복惜福이란 단어는 '복을 아낀다'는 뜻입니다. 이 말은 한 인간이 자신에게 주어진 삶의 전체적이고 포괄적인 의미를 깨닫고, 절제하며 검소하게 생활하여 일상의 행복을 발견하고 누리는 태도를 말합니다. 마음이 겸손한 사람이 일상의 신비 안에 하느님 은총이 가득하다는 사실을 깨닫고, 이러한 신비(Mysterium)를 향유할 수 있다는 그리스도교의 가르침과 상통하는 태도입니다. 우리가 아무리 눈을 크게 떠도 잘 보이지 않는 하느님의 은총을 잘 보고, 잘 듣고, 잘 살 수 있는 방법이 있습니다. 하느님과 관련된 모든 질문과 답은 하느님의 본질적 모상인 예수 그리스도 안에 있습니다. "모든 사람을 비추는 참빛이 세상에 왔다"(요한 1,9). 하느님께서 직접 창조하신 이 세상과 이 땅에 빛이 계속 빛나고 있는데, 신비롭게도 어둠은 여전히 짙습니다. 인간의 삶 속에 매일 낮과 밤, 빛과 어둠이 공존합니다. 행복을 밝게 보여주는 빛, 즉 '말씀'(Verbum)은 침묵 중에 고요해야만 들을 수 있고, 그 말씀의 빛은 마치 밤하늘의 별처럼 주변이 어두워야 더 잘 보입니다.

성당에 앉아 조용히 기도하고 미사 드리면, 세상은 너무나 평온하고 아름답습니다. 하지만 우리가 매일 살아내야 하는 일상과 현실은 만만치 않습니다. 꽃이 죽어야만 열매를 맺는다는 말을 알면서도, 인내하고 포기하며 살아야 하는 삶이 때로 너무 버겁습니다. 석복, 즉 매일의 일상과 고달픈 현실에서 각자가 의미를 찾고 발견한다면, 행복을 얻을 수 있습니다. 특히 그리스도인들은 하느님 안에서 행복을 찾는 사람들입니다. 하느님을 통해 세상 모든 것의 이치와 의미를 끄집어내고, 거기서 내 삶의 방향을 찾는 것입니다.

어떻게 하면 하느님 안에서 행복하게 살 수 있을까요?

"날 수 셀 줄 알기를 가르쳐주시어, 우리들 마음이 슬기를 얻게 하소서"(시편 90,12: 최민순 역). 인간은 '날 수를 셀 줄 알아야' 지혜와 슬기를 얻는다고 성경은 가르칩니다. 날 수를 헤아린다는 것이 무엇일까요? 젊고 힘 있고 즐거울 때 사람들은 하느님이 있어도 좋고 없어도 큰 문제가 없다고 여깁니다. 하지만, 우리가 지나온 날, 그리고 앞으로 남은 날을 헤아린다면 우리 인간이 어떤 존재인지 금방 알 수 있습니다. 시간이 흘러 철이 든다는 것은 나에게 죽음이 가까이 왔음을 깨닫는 것입니다. 죽음이 가까워오면 인간은 철이 듭니다. 누구나 생로병사를 겪고, 시간이 지나면 사라집니다. 날 수 셀 줄 안다는 것은 결국 인간이 유한한 존재이고, 유통기한이 얼마 남지 않았음을 깨닫는 것입니다. 또 날 수를 셀 줄 아는 사람은 내가 '지금, 어디에' 있는지를 아는 사람입니다. 그런 사람은 바로 지금 이 순간을 기쁘고 성실하게 살 수밖에 없습니다. 이러한 지혜를 가진 사람은 작고 사소한 일에 목숨 걸지 않고, 작은 손해에 맘 상하지 않습니다. 결국 이 지혜를 가진 사람은 자신이 누군지, 하느님이 누구신지를 깨달을 수 있기에, 지금도 그리고 앞으로도 행복하게 살 수 있습니다. 하느님을 소유한 사람은 모든 것을 다 가진 것이라고 교회와 수많은 성인 성녀가 증언하고 있습니다.

　행복하게 살고 싶은 마음은 누구나 마찬가지입니다. 하지만 행복한 삶의 길은 가깝고도 멀게 느껴집니다. 언제, 어떤 때에 행복하다고 느끼는가는 사람마다 다를 수 있습니다. 하지만, 누구나 공통적으로 행복을 느끼는 상황이 두 가지 있습니다. 첫째, 거의 모든 사람은 좋은 사람과 맛있는 것을 먹을 때 행복감을 느낀다고 합니다. 사랑하는 사람과 편안하고 좋은 분위기에서 맛있는 음식을 먹는 것은 상상만으로도 사람을 행복하게 합니다. 둘째, 내가 사랑하는 사람이 행복해할 때 사람은 누구나 행복감을 느낀다고 합니다. 만일 내가 사랑하는 사람이 너무나 행복해한다면, 우리 역시 눈물 나게 행복할 것입니다. 자식을 둔 부모님들은 쉽게 공감하지 않을까 싶네요. 그리고 하느님께서도 그러시지 않을까 싶습니다. 우리가 기쁘고 행복하게 산다면, 우리 삶이 힘들고 어려워도 웃으면서 하느님께 기도하며 희망한다면, 하느님께서 매우 행복해하시지 않을까요? 하느님을 기쁘게 해드립시다!

이탈리아 아시시의 산타 마리아 소프라 미네르바 성당 앞 코무네 광장에 'Pax et Bonum'(평화와 행복)이라는 글귀가 새겨 있습니다. 아마도 평화와 행복은 함께한다는 의미가 아닐까 싶습니다. 평화를 통한 행복, 행복을 통한 평화! 우리에게 행복을 가져다주는 평화란 무엇일까요? 평화를 뜻하는 라틴어 pax와 pace, 영어 peace의 동사형은 각각 pacare(라), pacify(영)입니다. pacify라는 단어의 다양한 뜻 중 대표적인 것은 '평정하다'입니다. 즉, Pax라는 단어가 의미하는 평화란 원래 남을 정복해서, 상대방을 굴복시켜서 얻는 것을 의미합니다. Pax Romana, Pax Americana처럼 힘에 의한 평화가 바로 Pax입니다. 우리 그리스도인들에게 참된 평화(Pax)란 절대자, 즉 하느님에게, 그리고 예수 그리스도에게 굴복하고 순종하여 얻는 평화입니다. '하느님의 말씀'에 전적으로 의탁하여 얻는 평화가 바로 그리스도교에서 말하는 참된 평화입니다. 신앙인에게 행복의 길은 언제나 예수 그리스도께 순종하는 데 있습니다. "진리가 너희를 자유롭게 할 것이다"(요한 8,32). 진리에 순응하는 것이 평화의 지름길이고, 행복한 삶의 과정이고 핵심이며 결론입니다.

*Dona nobis pacem!*
저희에게 평화를 주소서!

# 죽은 다음에 나는?
## -부활, 재림, 그리고 구원-

사람은 죽은 다음에 어떻게 될까요? 가톨릭교회의 가르침에 따르면, 사람은 죽은 다음에 생전의 삶에 따라서, 즉 예수 그리스도를 어떻게 믿었는지, 예수 그리스도께서 가장 중요하다고 말씀하신 하느님 사랑과 이웃 사랑을 얼마나 잘 실천했는지에 따라서, 천국·연옥·지옥 중 한 곳으로 가게 됩니다. 착한 사람은 천국에, 악한 사람은 지옥에, 그리고 천국에 가기엔 모자라지만, 지옥에는 가지 않을 사람들은 연옥에 가게 된다고 교회는 가르칩니다. 그렇다면 '천국'은 도대체 어떤 곳일까요?

'천국天國'이라는 단어는 '하느님 나라'를 한자로 표기한 것인데, '천당'이라고도 합니다. 그리고 천국과 의미상 비슷한 단어가 '구원',

'영원한 생명'(永生), '천상 교회', '부활' 등입니다. 이렇게 보면 예수님의 부활 사건은 인간이 맞게 될 구원, 영원한 생명, 천국과 관련되어 있음을 알 수 있습니다. 예수님의 부활은 다름이 아니라, 하느님을 믿는 사람들, 하느님 말씀대로 살았던 사람들의 미래 모습을 보여주신 것이지요. 부활은 하느님 때문에 고통을 겪고, 십자가를 지고 살아가는 우리 신앙인들에게 주시는 희망의 약속입니다.

그런데, 예수님은 진짜 부활하셨나요? 죽은 사람이 다시 살아날 수 있나요? 게다가 다시 살아난 그 사람이 죽지 않고, 영원히 살게 된다는 것을 어떻게 믿고 이해할 수 있을까요?

예수님이 어떻게, 어떤 과정을 통해 부활하셨는지 누구도 알 수 없습니다. 그 상황을 목격한 사람도 없고, 예수님 이외에 우리에게 나타난 사람도 없습니다. 분명 성경에는 부활하신 예수님을 목격한 수많은 증언이 있습니다. 게다가 부활의 '목격 증인'들은 이전과는 전혀 다른 새로운 삶을 살았습니다.

예수님이 부활하신 과정은 잘 몰라도, 부활하신 이유는 알 수 있습니다. 그 이유는 바로 우리 인간의 구원 때문입니다. 하느님께서 인간의 완성과 구원을 계획하시고, 예수 그리스도를 통해서 길과 방법을 분명하게 보여주셨습니다. "나를 믿는 사람은 영원히 죽지 않을 것이다!" 인간은 언제 은총을 받고, 어떻게 구원될 수 있을까요? 예수님에게 모든 답이 있습니다. 하느님과 함께하는 것, 하느님께 기도하는 것, 하느님과 일치하는 것!

예수님께서 이 땅에 오신 이유는 천사가 알려준 예수님의 이름에서 확실하게 드러났습니다. '임마누엘'(immanu 우리와 함께 + El 하느님)이라는 이름은 인간이 하느님과 함께 사는 것이 필요하고 중요하다고 알려줍니다. 예수님은 바로 '인간과 함께하시는 하느님'이고, 예수님을 통해서 '하느님과 함께할' 수 있습니다. 하느님의 말씀 자체이신 예수님은 인간이 되어 이 땅에 오셨고, 우리와 함께 사시는 동안 인간이 어떻게 살아야 하는지 가르쳐주셨고, 직접 보여주셨습니다. 특히 고통과 십자가 앞에서 어떻게 살아야 하는지 보여주셨습니다. 하느님과 함께하셨던 그분은 죽음으로 끝나지 않고 결국 부활하셨습니다. "그리스도께서 되살아나지 않으셨다면, 우리의 복음 선포도 헛되고 여러분의 믿음도 헛됩니다"(1코린 15,14). 우리는 예수님의 부활을 통해 그리스도교 신앙을 알게 되었고, 지금은 언젠가 재림하실 예수님을 기다리고 있습니다. 그런데, 재림이란 무엇일까요? 예수님이 재림하실 때 어떤 일이 일어나게 될까요?

'사도신경'에는 모든 신앙인이 믿어야 하는 내용, 즉 삼위일체 하느님에 대한 가장 중요한 증언이 들어 있습니다. 즉 성부의 세상 창조, 예수님의 강생, 십자가 사건, 부활, 그리고 재림에 대한 고백이 그렇습니다. "그리로부터 산 이와 죽은 이를 심판하러 오시리라 믿나이다!" 우리가 주일미사 때 사도신경을 통해 기도하는 것처럼, 예수님은 언젠가 재림하실 것이고, 예수님이 재림하시는 이유는 바로 예수님을 믿는 모든 사람을 구원하시기 위해서입니다. 예수님이 재림하실 때 세상의 종말이 오고, 최후의 심판이 이루어지며, 믿는 이들에겐 구원이 완성됩니다. 각 사람은 죽음 다음에 즉시 '개별 심판', 곧

'사심판'을 받게 됩니다. 살아 있던 동안의 행실과 믿음에 대한 셈을 치르는 것이 개별 심판입니다. 개별 심판이 인간 각자의 죽음 직후에 이뤄지는 것이라면, 최후의 심판, 즉 공심판은 세상 종말에 그리스도께서 재림하실 때에 있을 것입니다. "그때 하느님께서는 당신의 아들 예수 그리스도를 통하여 역사 전체에 대한 당신의 결정적인 말씀을 선포하실 것이다"(《가톨릭교회 교리서》 1040항). 최후의 심판은 결국 하느님의 정의가 승리한다는 사실을, 하느님의 사랑이 죽음보다 강하다는 것을 드러냅니다(아가 8,6 참조).

그렇다면 예수님의 재림은 언제 이루어질까요? 정답은, '아무도 알 수 없다!'입니다. "그러니 너희도 준비하고 있어라. 너희가 생각하지도 않은 때에 사람의 아들이 올 것이기 때문이다"(마태 24,44). "주님의 날이 마치 밤도둑처럼 온다는 것을 여러분 자신도 잘 알고 있습니다"(1테살 5,2). "그러나 그 날과 그 시간은 아무도 모른다. 하늘의 천사들도 아들도 모르고 오로지 아버지만 아신다"(마태 24,36). 가끔 이단들이 예수님의 재림에 대해서 특정한 날짜를 이야기하는 경우도 있고, 아니면 자기 교회에 나와야만 구원받는다고 주장하는 경우가 있는데, 참으로 가소로운 이야기일 뿐입니다.

마치 한 개인이 하느님의 뜻을 다 알고 있는 것처럼 떠들거나, 아니면 교회를 통해 주어지고 전달된 공적 계시 이외에 다른 사적 계시를 더 중요시하는 순간, 그리스도교 신앙은 훼손되고 이단은 시작됩니다. 교회를 통해 알게 된 하느님 말씀에 '예'라고 답하고, 잘 모르는 것을 모른다고 하는 것이 신앙입니다. 예수님의 재림에 대해,

예수님이 말씀하신 것 이외에 인간이 마음대로 해석하는 것은 매우 위험합니다. 재림의 때를 인간은 알 수 없으며 재림에 관여할 수도 없습니다. 단지 우리는 예수님이 재림하시는 목적을 이야기할 수 있습니다. 예수님은 의인과 악인을 구분해서, 의인을 구원하고 악인을 심판하시기 위해 재림하십니다(요한 14,2-3; 2코린 5,10 참조). 예수님의 재림은 예수 그리스도를 통해서 하느님 구원이 완성되고, 바로 그때 하느님 나라가 새롭게 출발하며, 비로소 하느님의 완전한 통치가 이루어지는 것을 뜻합니다.

의인들은 구원을 받고, 죄인들은 심판을 받는다는 것은 당연한 이야기입니다. 정작 문제는 이것입니다. 우리 같은 대다수의 애매한 (?) 죄인들은 어떻게 될까요?

"당신께서 제 영혼을 저승에 버려두지 않으시고 당신의 거룩한 이에게 죽음의 나라를 아니 보게 하실 것이기 때문입니다." 사도행전 2,27은 다윗의 기도를 인용하면서, 예수 그리스도를 믿는 이들이 가질 수 있는 희망을 이야기합니다. 즉, 의인들은 물론이고, 우리 같은 죄인들도 예수 그리스도에 대한 믿음을 갖고 있다면 구원을 희망할 수 있다는 것입니다. 죄인들은 교회의 도움을 통해서, 하느님과 함께할 수 있고, 하느님의 말씀이신 예수 그리스도와 함께할 수 있습니다. 하느님의 말씀이 사람이 되신 분, 즉 예수님의 말씀을 우리 귀와 우리 마음으로 잘 듣고, 또한 예수님의 몸을 우리 안에 잘 모시면 이 모든 것이 가능합니다. 매일 거행되는 미사 중에 우리는 다음과 같이 고백합니다. "신앙의 신비여! 주님께서 오실 때까지 주님의 죽음을 전하며 부활을 선포하나이다." 그리스도를 믿음으로써, 예수 그리스도의 말씀과 몸을 통해서 우리는 하느님과 함께할 수 있고, 죽은 다음에, 그리고 예수님의 재림 때도 우리는 하느님과 함께할 수 있습니다.

"하느님께서는 예수님을 통하여
죽은 이들을 그분과 함께 데려가실 것입니다"(1테살 4,14).

## 연옥은 존재하는가?

가톨릭교회에는 '믿을 교리'가 있습니다. 이는, 가톨릭교회 신자라면 누구나 무조건 받아들여야 하는 가르침으로서, 주로 '신경'의 내용입니다. 예전에 세례를 준비하던 모든 사람에게 가르쳤던 '그리스도교의 4대 믿을 교리'를 다들 기억하시나요? 하느님이 분명히 계시다는 '천주존재', 하느님은 성부 성자 성령이시라는 '삼위일체', 하느님의 말씀이 사람이 되시어 우리 가운데 계시다는 '강생구속', 마지막으로 착하게 산 사람은 천국에 가고 악하게 산 사람은 지옥에 간다는 '상선벌악'입니다. 이 네 가지 교리는 세례를 받기 위해서 무조건 믿어야 할 교리로서, 특히 죽을 위험에 처한 사람이 대세代洗를 받기 전에 최소한 알아야 하는 기본적이고 중요한 교리입니다.

죽은 다음에, 착하게 살았던 사람은 복을 받고, 악하게 살았던 사람은 벌을 받는다는 '상선벌악'의 가르침은 그리스도교뿐 아니라, 거의 모든 종교의 가르침이기도 합니다. 그런데, 천국 가기에는 좀 부족하고, 지옥으로 바로 떨어지기는 애매한 사람들이 가는 곳을 가톨릭교회는 전통적으로 연옥煉獄이라고 부릅니다. 이 '연옥'에 대한 교리는 오직 가톨릭교회에만 있고, 개신교는 받아들이지 않습니다. 동방 교회에서는 연옥이라 부르지 않고, '마지막 정화'라고 하여 연옥의 존재를 부분적으로 인정합니다.

사도신경에 '저승에 가시어'라는 표현이 있습니다. '저승'으로 번역되는 이 단어는 라틴어 '인페리*Inferi*', 그리스어 '하데스*Hades*', 히브리어 '셔올*Scheol*'(혹은 '세올', '쉐올') 등이 의미하는 바와 비슷합니다.

유다인이셨던 예수님은 구약의 종교와 문화의 영향을 받으며 성장하셨고 그 배경 아래서 사람들을 가르치셨습니다. 당시 구약의 이스라엘 사람들은, 인간이 죄 때문에 고통과 질병을 겪고 마침내 죽음에 이른다고 믿었습니다. 죄의 결과인 죽음은 하느님과 멀어지고, 하느님과 분리되는 것을 의미했습니다. 따라서 죽음 이후에 가는 곳인 셔올은 하느님과 완전히 분리된 상태를 의미합니다. 지옥이란 개념 역시 하느님과 완벽한 분리를 의미하기는 하지만, 셔올과 다릅니다. 구약의 셔올 개념은 하느님과 분리된 채 언젠가 메시아가 와서 자신들을 해방시켜 주리라 믿으며 기다리는 곳입니다. 예수님께서 십자가에 못 박혀 돌아가신 다음에 가신 '저승'은 바로 셔올이었습니다. 하지만, 돌아가신 지 사흘째 되는 날(3일 후가 아닙니다!) 저승 문을 여시고 죽은 이들 가운데서 부활하셨습니다. 메시아가 와야만 열릴 수 있으리라 믿었던 문이 예수 그리스도를 통해 활짝 열렸습니다. 이제 예수를 그리스도로 믿고, 또 따르는 사람은 누구나 구원의 가능성을 얻게 되었습니다. 그래서 천국에 갈 수도 있고, 천국에 갈 준비를 하고, 언젠가 천국에 도달할 수 있게 되었습니다. 천국에 도달할 수 있도록 준비를 하는 곳이 바로 연옥입니다.

'연옥'이란 단어가 교회에서 사용되기 시작한 것은 12세기 전후이지만, 죽은 사람들을 기억하며 그들을 위해 기도하고 기억하는 관습은 아주 오래전부터 있었고, 유다교에도 그러한 관습이 있었습니다. 가톨릭교회는 연옥에 대한 교리가 인간의 상상력에 의해 생겨난 것이 아니라, 예수 그리스도의 가르침을 직접 목격했던 사도들의 가르침에 따른 것이고, 신앙의 내용이라고 믿습니다. 모든 인간의 구원을 바라시는 하느님은 모두에게 구원에 이를 가능성을 주시고, 인간의 자유로운 선택과 신앙을 원하십니다. 그래서 살아서는 물론 죽은 다음에도 회개의 기회와 가능성, 그리고 정화의 시간을 주십니다. 하느님의 은총과 사랑을 알았지만, 아직 온전히 정화되지 못한 이들에게도 영원한 구원의 약속은 여전히 유효합니다. 단, 정화되지 못한 이들이 천상의 기쁨을 누리기 위해서는 죽은 후 정화의 시간을 거쳐야 합니다.

연옥은 실제로 존재하는가라는 물음에 가톨릭교회는 "예!"라고 답합니다. 물론 많은 사람이 이 대답에 의문을 제기하는데, 연옥의 존재에 대해 성경이 아무런 증언도 하지 않기 때문입니다. 성경에는 그리스도교 신앙의 중요한 내용이 많이 들어 있지만, 모든 것이 들어 있지는 않습니다. 사도 바오로도 모든 것을 기록하지 않았고, 그래서 다음과 같이 말했습니다. "그 밖의 것은 내가 가서 일러주겠습니다"(1코린 11,34). 성경은 하느님의 말씀을 담고 있지만, 성경에 하느님의 말씀 전체가 다 담겨 있지는 않습니다. 따라서 하느님의 가르침, 즉 계시는 성경과 성전(Traditio), 즉 사도들과 교회의 가르침을 통해서 주어진다고 가톨릭교회는 가르칩니다.

### 연옥이란 어떤 곳일까?

중세 이탈리아의 작가인 단테(Dante)는 자신의 대표적 서사시인 《신곡》(神曲, La Divina Commedia)에서 지옥·연옥·천국을 각각 구분하는데, 연옥은 남반구에 있는 유일한 육지인 산에 있는 것으로 묘사합니다. 이는 당시 세상의 중심으로 여겨진 예루살렘에서 정확히 반대 방향을 상정한 것입니다. 연옥의 제일 아래층부터 위층까지 칠죄종, 즉 교만·인색·질투·분노·음욕·탐욕·나태를 참회하면서 한 층씩 위로 올라가는 구조로 묘사합니다. 연옥 영혼들이 이 모든 과정을 거치면 꼭대기, 즉 에덴동산에 이르게 된다고 합니다. 모든 죄의 보속을 마치고 정화된 영혼들은 지상낙원인 에덴동산에서 잠시 대기한 후에 하느님 나라에 이르게 됩니다.

하지만, 연옥은 소설의 비유에 나오는 것이나 인간이 상상하는 것처럼 천국과 지옥 사이에 있는 어떤 장소가 아닙니다. 사실 장소나 시간은 지극히 인간적인 개념입니다. 죽은 다음에는 살아생전의 시간이나 장소 개념이 아무 의미가 없습니다. 연옥이란, 장소가 아니라 일종의 '존재 상태'라고 가톨릭교회는 가르칩니다. 그리고 연옥이란 어떤 대피소나 뜨거운 불의 벌을 받는 곳도 아닙니다. 연옥이란 무엇보다도 '정화소'(淨化所, Purgatorium)입니다. 연옥의 불은 벌을 주는 지옥의 불과 같은 것이 아니라, 깨끗하게 해주고 따뜻하게 해주는 하느님 사랑의 불입니다. 정화시키는 하느님 사랑의 불을 통해서 더욱 순수해져야만 하느님 나라에 들어갈 수 있습니다.

'연옥에 있는 영혼은 스스로 기도하거나 천국에 갈 수 없다. 우리의 기도와 희생이 있어야만 그들을 도와줄 수 있다!' 맞는 말인가요? 반은 맞고, 반은 틀렸습니다. 우리가 연옥 영혼을 위해 기도하는 이유, 기도를 해야만 하는 이유는 연옥 영혼이 아무것도 할 수 없기 때문이 아닙니다. 연옥 영혼 역시 자신을 위해 기도할 수 있고, 정화를 위해 노력할 수 있습니다. 연옥 영혼도 하느님과 관계를 맺고 결합되어 있습니다.

하느님과 결합된 사람들은 각각 지상 교회(투쟁 교회, 순례 교회), 연옥 교회(정화 교회), 천상 교회(개선 교회, 승리 교회)에 속해 있습니다. 사도신경에 나오는 '성인들의 통공'(communio sanctorum: 여기서 라틴어 sanctorum은 남성 복수 2격으로 '거룩한 사람들' 또는 중성 복수 2격으로 '거룩한 것들'이라고 번역될 수 있습니다)이란 바로 이 교회에 속한 사람들의 기도와 공로가 서로 통할 수 있다는 말입니다. 이 모든 이가 하느님 교회의 구성원이고, 이들의 기도와 희생과 선행은 서로 관계를 맺고 결합된다는 것입니다.

중세를 거치면서 연옥은 지옥과 비슷한 곳으로 오해되기도 했습니다. 중세에는 누구나 그리스도인이 될 수 있었기에, 제대로 준비를 시키지 못했습니다. 사람들에게 하느님의 사랑과 자비, 죄와 벌에 대해서 분명하게 설명할 수 있는 기회와 방법이 없다 보니, 죄를 지으면 벌을 받고 지옥에 간다는 단순한 교리에 치중하게 되었습니다. 하지만, 인간의 현실은 그렇게 단순하지 않습니다. 아무 죄도 짓지 않아 바로 천국에 갈 수 있을 만큼 깨끗한 사람도 많지 않고, 죄를 많이 지어 지옥에 바로 갈 만큼 나쁜 사람도 많지 않습니다. 게다가 살아생전에 예수 그리스도를 믿었던 사람에게 천국 아니면 지옥이라는 두 가지 선택지만 있다면 좀 억울(?)하지 않을까요? 천국이 하느님과 얼굴을 맞대는 지복직관(1코린 13,12 참조)의 세계이고, 지옥은 하느님을 영원히 절대 만날 수 없는 완전히 차단되어 고통받는 상태라면 이 양극단의 중간 상태도 필요합니다. 모든 인간이 구원받기를 바라시는 하느님께서 인간이 죽자마자 바로 천국 아니면 지옥으로 보내지는 않을 것이라고 교회는 오랫동안 믿어왔고 가르쳐왔습니다.

가톨릭교회는 천국과 지옥의 존재를 인정하고, 천국에 들어가기 위해 준비하는 상태인 연옥의 존재를 믿습니다. 예수 그리스도 이외에 어느 누구도 죽었다가 부활한 사람은 없기에(예를 들어 라자로와 과부의 아들처럼 다시 살아난 사람이 있긴 하지만, 이들은 '부활'한 것이 아니라 일정 기간 동안만 다시 살아났다가 결국 죽었으므로 '소생'한 것입니다), 죽음 이후의 상태에 대해서 확실하게 말할 수 없습니다.

연옥은 하느님에 대한 믿음과 사랑으로 구원을 보장받은 인간이 천국에 들어가기 위해 준비하고, 정화되기 위해 거쳐야 하는 상태입니다. 그러므로 지상 교회에서 순례 중인 그리스도인들은 기도, 희생, 자선, 보속 등을 통해 연옥 영혼들이 정화되도록 도울 수 있다는 것이 가톨릭교회의 입장입니다.

# 무신론과 가톨릭교회의 답변

어떤 사람이 말했습니다. "하느님이 존재한다는 것을 증명해보시오!" 그러자 다른 사람이 이렇게 말했습니다. "하느님이 존재하지 않는다는 것을 증명해보시오!"

하느님이 계시다는 것을 '증명'하는 일은 쉽지 않은 게 아니라, 불가능합니다. 증명은 과학적인 검증, 즉 감각적이고 반복적인 경험의 결과를 통해 이루어지는데, 하느님은 그렇게 경험할 수 있는 존재가 아니기 때문입니다. 하느님의 존재 여부에 대해 토론할 수는 있겠지만, 오늘날 사람들이 원하는 과학적인 방식으로 그 존재를 증명할 수는 없습니다.

무신론(無神論, Atheismus)은 기본적으로 신의 존재 자체를 부정하거나, 신앙을 거부하는 이론이라고 할 수 있습니다. 소극적인 형태의 무신론은 신이 없다고 주장하거나, 아니면 없어도 상관없다는 입장을 취합니다. 하지만 적극적인 형태의 무신론은 신의 자리에 다른 무언가를 놓고 그것으로 신을 대신하거나, 그것을 신격화합니다. 예를 들어, 인간중심주의나 과학의 힘을 절대화하여 그것으로 신의 역할과 위치를 대신합니다.

무신론자들의 질문과 주장은 다음 세 가지로 정리할 수 있습니다.

*첫째, 하느님이 계시는가?* 만일 계시다면, 세상과 인간이 왜 이 모양인가? 왜 착하게 사는 사람이 고통받고, 악하게 살아도 별 문제가 없는가? 하느님은 전지전능하다고 하지 않는가? 하느님은 모든 인간을 사랑한다고 하지 않았는가? 심지어 복음서의 예수님 말씀에 따르면 하느님은 우리의 머리카락 개수도 아실 만큼 우리에게 관심이 많다고 하지 않았는가?

*둘째, 다른 신은 없는가?* 그리스도교가 주장하는 하느님이 계시다고 치자. 하지만, 그럼에도 불구하고, 다른 신들도 존재하고, 혹은 다른 신들이 더 힘이 세고 위대할 수도 있는 것 아닌가? 지금이야 그리스도교가 가장 큰 종교이지만, 예전에는 다른 종교와 다른 신이 더 많았고, 지금도 수많은 종교와 신이 존재하지 않는가?

*셋째, 반드시 종교를 가져야 하는가?* 다 좋다! 하느님도 계시고, 그 하느님이 전능하시고, 그리스도교의 하느님이 최고의 하느님이라고 치자. 그런데, 그 하느님을 믿지 않아도, 성당에 다니지 않아도, 매주 미사에 가지 않아도 별 상관없는 것 아닌가? 하느님은 꼭 성당에 다녀야만 은총과 구원을 주시는가? 성당에 다니지 않아도 잘사는 사람이 많고, 성당에 다녀도 힘들게 사는 사람이 너무 많다. 신앙생활이 반드시, 꼭 필요한가?

사실 위의 세 가지 질문을 받았을 때, 명확하게 답변하기가 쉽지 않습니다. 교회의 가르침을 이해하기 어렵고, 특히 살다 보니 이해 안 되는 일도 너무 많습니다. 하느님이 계시다고 믿자니 이해 안 되는 상황이 너무 많습니다. 하지만 하느님이 안 계시다고 생각하고 살기에도 이해 안 되는 일은 여전히 많습니다. 하느님의 부르심에 자신의 모든 것을 걸고 사는 수많은 성직자와 수도자, 지난 2천 년 동안 온갖 어려움 속에서도 꿋꿋하게 버텨온 교회, 우리가 기도하고 살면서 일상에서 체험하게 되는 하느님의 손길과 은총 등. 하느님의 존재를 눈에 보이게 증명할 방법도 없지만, 조금만 생각해 보면 하느님이 계시지 않다고 단정할 수도 없습니다. 어찌 보면 우리의 삶 자체가 이미 하느님의 존재를 증명하고 있는지도 모릅니다. 예를 들어 사랑이나 우정이 눈에 보이지는 않지만 우리 곁에 존재하고, 반드시 필요하다는 것을 우리는 잘 압니다. 눈에 보이지 않는다고, 과학으로 증명할 수 없다고, 그 존재와 의미를 부정할 수는 없습니다. 가톨릭교회는 무신론의 질문과 주장에 반대하고, 하느님의 존재를 확신합니다.

성경에서 주장하는 무신론은 대개 온갖 형태의 우상숭배를 의미합니다(시편 14,1; 10,4; 36,2; 지혜 13,5; 로마 1,18-20; 사도 14,14-16; 17,26-29 등). 성경은 하느님의 존재를 확신하고 절대적 무신론을 부정하는 신관을 보여줍니다. 성경의 신관은 그 당시 다신론적인 신관을 고려하여 무신론이란 마치 우상숭배처럼 현실의 사물을 신격화하는 것 정도로 이야기합니다. 18세기 후반에 시작된 적극적 의미의 무신론은, 신앙의 내용을 철학적이고 자연과학적으로 검증하려는 시도를 통해 더 확고해집니다. 그 이후 무신론적인 경향은 더욱 견고해지고, 다양한 형태로 오늘날까지 이르고 있습니다.

한국인의 무신론적 경향은 어떨까요? 사실 한국처럼 종교적 심성이 강한 나라도 드뭅니다. 한국인의 종교 심성에서 기복적 내지 샤머니즘적 경향이 강하다고 주장하는 사람들이 있는데, 사실 이러한 경향은 한국인뿐 아니라 세상 모든 사람에게 공통된 성향입니다. 섬이나 반도처럼 자연재해가 많았거나 혹은 전쟁이 빈번했던 지역이나 나라들을 여행하다 보면 마을 곳곳에 종교적인 상징이나 표징을 쉽게 볼 수 있습니다. 한국 역시 지난 시간 어려운 상황을 많이 겪었고 여러모로 종교적인 활동이 매우 활발한 나라입니다. 그런데 아이러니하게도 한국인은 종교적 심성이 강하면서도 무신론적 경향도 매우 강합니다. 한국인 중에 무신론자의 비율(약 15%)이 중국, 일본, 체코, 프랑스에 이어 세계 5위라는 조사 결과도 있습니다(《월간중앙》 2017년 2월호).

가톨릭교회는 제2차 바티칸 공의회에서 무신론에 대한 교회의 입장을 분명하게 밝힙니다. 즉 공의회 이전까지 무신론은 그 자체로 배척과 파문의 대상이었는데, 이제는 무신론을 현대의 지극히 중요한 문제로 인식하고, 더 치밀하게 검토할 주제로 다룹니다(《사목 헌장》 19-22항). 무신론과 관련하여 '파문에서 대화까지' 가능하다는 입장입니다. 가톨릭교회는 당연히 하느님에 대한 신앙을 어떤 경우에도 포기하지 않고, 왜곡된 주장에 맞서 싸웁니다. 그리고 무신론이 제기하는 문제가 결코 무신론의 주장을 통해서 해결되지 않는다는 점도 분명히 합니다.

하느님의 존재에 의문을 제기하는 무신론의 주장에 대해 가톨릭교회와 그리스도인은 어떤 태도를 지니고 어떻게 답변해야 할까요?

당연히 가장 그리스도교적인 것을 찾고, 재발견하고, 연구해야 합니다. 하느님께서 이미 계시를 통해 당신에 대해 많은 것을 알려주셨고, 특히 예수 그리스도를 통해 하느님의 신비에 이르는 많은 길을 알려주셨습니다. 성경의 가르침, 교부들의 가르침과 영성, 그리고 2천 년 동안 교회가 믿어온 바를 성실하게 따르며 산다면 그리스도교는 더 그리스도교다워질 것입니다. 우리가 성경과 교회를 통해 하느님께서 알려주신 많은 진리의 말씀을 귀와 마음으로 잘 듣는 것, 그 가르침대로 사는 것, 이것이 그리스도인의 길입니다. 그리스도인들이 그리스도를 닮지 않았다는 누군가의 말을 잘 생각하면서, 우리 그리스도인들은 그리스도를 닮고, 그분 말씀대로 살아가야 합니다. 그리스도교와 그리스도인이 제자리를 찾고, 자기 정체성을 분명히 인식하면, 과학이나 철학을 통해 이론적으로 하느님을 부정하는 경향은 분명 감소할 것입니다.

아직 세례 받지 않은 사람들을 교회로 데려오기 위한 외적인 복음화도 중요하지만, 이미 세례 받은 사람들을 교육하여 참된 그리스도인으로 성장할 수 있도록 돕는 내적 복음화 역시 매우 시급하고 중요한 문제입니다.

모든 답은 예수 그리스도에게 있습니다.
우리 곁에 머물러 계셨던 하느님의 말씀이신
예수님의 모든 말씀과 행적이
하느님이 누구이고 인간이 누구인지를 알려줍니다.

# 03 예수 그리스도
## JESUS CHRIST

1. 왜 예수님은 인간이 되셨는가?
2. 그리스도교의 중심인 하느님 말씀
3. 예수님 복음의 핵심, 하느님 나라
4. 왜 최후의 만찬이 중요한가?
5. 왜 예수님은 십자가에 못 박혀 돌아가셔야 했나?
6. 예수님의 구원 사업 -수난, 죽음, 부활-
7. 예수님의 부활을 어떻게 이해할 수 있나?
8. 참된 그리스도인
9. 구원은 모든 이를 위해? 많은 이를 위해?
10. "진리가 너희를 자유롭게 할 것이다"(요한 8,32)
11. 다른 종교를 통해서도 구원이 가능한가?
12. 이단과 사이비

## 왜 예수님은 인간이 되셨는가?

'그리스도'(Christus, Χρῑστός)는 아람어 '메시아'(משיחא, Messiah)를 번역한 말로 '기름부음받은이'라는 뜻입니다. 구약시대에 기름 부음을 받는 사람은 보통 하느님의 사명을 수행하도록 선택된 사람, 선별된 사람을 의미합니다. 왕과 사제와 예언자가 이 경우에 해당하는데, 예를 들어 1사무 16장을 보면, 하느님께 선택되었다는 의미로 사무엘이 어린 다윗에게 기름을 붓는 장면이 나옵니다.

'예수'(Jesus, ישועה 예슈아)는 '구원'이라는 뜻을 지닌 단어로, 구약에 나오는 눈의 아들 여호수아, 예언자 호세아와 어원이 비슷합니다.

'예수 그리스도'에서 '예수'는 이름이고, '그리스도'는 일종의 칭호입니다. 나자렛에서 자란 마리아의 아들 예수라는 사람을 나중에 그리스도, 즉 메시아(구세주)라고 부르게 된 것입니다.

예수님은 올해 2020년을 기준으로 2,020년 전에 태어나셨습니다. 사실 이런저런 상황을 고려하면 그보다 6-7년 전에 태어나셨다고 보는 게 맞습니다. 기원전과 기원후를 표기할 때 쓰는 약어인 BC(Before Christ, 그리스도 태어나기 전)와 AD(Anno Domini, 주님이 태어난 해)는 예수 그리스도의 탄생을 기준으로 하는 구분법입니다. 성경에 따르면 예수님은 당시 이스라엘에서는 명문가인 다윗 가문의 후손이었지만, 매우 가난하고 초라하게 탄생하셨습니다. 이스라엘의 베들레헴에서 태어나셨고, 나자렛에서 자라셨습니다. 그래서 '나자렛 예수'라고 불리지요. 12살 무렵 성전에서 율법 교사들과 논쟁을 한 사건(루카 2장)을 제외하면, 예수님의 성장기나 청년기에 대한 기록은 거의 없습니다. 30세 이후, 세상에 자신을 드러낸 약 3년 정도의 시기를 '공생활'이라고 하는데, 주로 이 시기의 말씀과 행적이 복음서의 내용입니다. 예수님은 공생활 중에 이 세상에 하느님 나라의 복음을 선포하면서, 다양한 사람을 만나서 먹고 마셨으며, 아픈 사람들과 소외된 사람들을 위로하고 고쳐주셨으며, 최후에는 십자가에 못 박혀 돌아가시고 사흘 만에 부활하셨습니다.

아주 오래전 팔레스티나의 작은 시골 마을에서 태어나 활동하다가, 비교적 젊은 나이에 죽은 예수라는 청년을 우리는 왜 그리스도(메시아, 하느님의 아들, 구세주)라고 믿고 따를까요? 예수님은 과연 어떤 분이었을까요?

예수님을 가장 잘 알았던 사람 중 하나는 사도 요한입니다. 요한은 예수님이 직접 뽑아 세운 12사도 중 한 사람이었고, 가장 어린 사도였습니다. 스스로 자신이 가장 사랑받는 제자라 생각했고, 심지어 십자가 위에서 예수님이 돌아가실 때 다른 대부분의 제자들은 도망갔지만 끝까지 십자가 밑에서 예수님과 함께했던 이가 요한입니다. 예수님께서 돌아가시기 직전 어머니 마리아를 맡기실 만큼 예수님의 신뢰가 두터웠던 사람이기도 합니다. 사도 요한이 작성했다고 전해지는 요한복음은, 바로 그 요한이 보고 알고 느꼈던 주님이자 친구였던 예수님에 대한 증언입니다. 요한복음의 마지막 장인 21장은 예수님 부활 이후 사건에 대한 기록인데, 이 장은 요한이 쓴 것이 아니라 후대에 첨가된 것으로 여겨집니다. 이 말이 맞다면 요한이 쓴 내용은 20장까지인데, 20장의 마지막 구절인 31절에는 요한복음서를 쓴 목적을 다음과 같이 적습니다.

"이것들을 기록한 목적은 예수님께서 메시아시며 하느님의 아드님이심을 여러분이 믿고, 또 그렇게 믿어서 그분의 이름으로 생명을 얻게 하려는 것이다." 신약성경에 포함된 다른 세 개의 복음서, 즉 공관복음서에 비해서 요한복음서는 비교적 후대에 작성되었습니다. 이미 훌륭한 복음서가 여럿 있었는데, 요한은 왜 굳이 복음서를 또 썼을까요? 아마도, 본인이 이해하는 예수님의 모습이 기존 복음서에는 분명하게 드러나지 않았기 때문이 아닐까요? 그래서 본인이 알고 있는 예수님의 참모습을 알리고 싶었던 것이 아닐까요? 그렇다면 요한이 이해한 예수님의 본래 모습은 무엇일까요? 예수님에 대해서 요한 복음사가는 다음과 같이 증언합니다. "(하느님의) 말씀이 사람이 되시어 우리 가운데 사셨다"(요한 1,14).

　요한복음은 '말씀의 복음서'라고도 합니다. '말씀'을 강조하며 말씀에 대한 이해를 중심 내용으로 삼아 매우 중요하게 다루기 때문입니다. 요한복음서는 이렇게 시작합니다. "한처음에 말씀이 계셨다. 말씀은 하느님과 함께 계셨는데 말씀은 하느님이셨다"(요한 1,1). 이 구절은 창세기 1장을 떠올리게 합니다. 하느님께서 '말씀'하시니 세상이 시작되고, 낮과 밤이 생기고, 해와 달이 생깁니다. 말씀을 통해 세상이 시작되었고, 말씀은 하느님과 함께하시는 분 즉 하느님이신데, 요한은 그 말씀(*Logos*)이 사람이 되셔서 우리 가운데 계신 분이 바로 예수 그리스도라고 증언합니다. 창세기 1장에서 하느님께서 말씀으로 세상을 창조하셨고, 이때부터 세상이 시작되었는데, 요한복음서 1장에 따르면 그 말씀이 아예 사람이 되셨고, 이때부터 새로운 세상이 시작되었다는 것입니다.

## 하느님이 세상을 창조하신 이유

왜 하느님은 세상과 인간을 창조하셨을까요? 짧고 간단하게 말씀드리면 인간을 구원하시고 영원한 생명에 이르게 하기 위해서입니다. 좀 더 자세히 말씀드리자면, 사랑 자체이신 하느님은 인간에게 행복하게 사는 법, 그중에서도 가장 완전한 행복을 알려주시고, 그 길을 가르쳐주십니다. 인간의 삶은 불완전하고 고통으로 가득하지만, 그 가운데도 완전하고 영원한 행복의 길, 구원의 길이 있습니다. 하느님은 우리에게 바로 그 길을 가르쳐주십니다. 그런데 하느님은 왜 인간을 이렇게 부족하고, 불완전하고, 쉽게 죄를 짓는 존재로 창조하셨을까요? 창조하실 때 좀 더 제대로 만드셨다면, 완벽하게 만드셨다면, 인간은 이렇게 죄를 짓지도 않았을 것이고, 고통 속에서 살지도 않았을 텐데요. 하지만, 만일 하느님께서 인간을 완벽한 존재로 창조하셨다면, 그 존재는 인간이 아니라 또 다른 하느님이었겠지요. 하느님에게는 또 다른 하느님이 필요하지 않았습니다. 대신, 하느님의 도움과 사랑을 필요로 하는 인간을 창조하셨습니다. 그리고 각별한 관심과 애정을 갖고 인간이라는 존재를 이끌어주십니다. 구약의 수많은 사건은 때로는 고통과 슬픔이 가득했던 일들이지만, 지나고 보면 하느님의 사랑과 은총을 느낄 수 있는 체험이었습니다. 돌아보면 발자국마다 은총이었다고 구약성경은 증언합니다.

## 예수님이 사람이 되어 오신 이유

구약의 이스라엘을 선택하고 이끌어주셨던 하느님께서 이제는 우리와 똑같은 사람이 되셔서 인간이 겪어야 할 희노애락을 직접 겪으시고 우리에게 올바른 삶의 길과 답을 주십니다.

"나는 길이요 진리요 생명이다. 나를 통하지 않고서는 아무도 아버지께 갈 수 없다"(요한 14,6). 예수님이 바로 하느님께 가는 길, 구원으로 가는 길입니다. '도道'를 깨우친다는 것은 올바른 길을 알고, 그 길을 가는 것입니다. 예수님이 하신 모든 말씀과 행적이 바로 구원의 길이고 생명의 길이고 행복하게 사는 길입니다.

왜 예수님은 사람이 되셨을까요? 우리에게 인간다운 삶의 길을 알려주시기 위해서입니다. 예수님처럼 살면 힘들 때도 있고 고통스러울 때도 있겠지만, 결국에는 그 길이 옳음을 믿고 아는 것이 신앙입니다. 예수님이 이 땅에 오신 이유는 인간이 살아가면서 겪어야 하는 모든 문제에 대한 답을 때로는 말로, 때로는 삶으로 직접 보여주기 위해서입니다. 그리고 당신이 가신 길을 잘 따라오라고 초대하고 도와주십니다. 예수님은 어제도, 지금도 삶에 지치고 힘든 우리에게 말씀하고 계십니다. "나처럼 해봐요, 요렇게!"

# 그리스도교의 중심인 하느님 말씀

그리스도교 전통이 오래된 유럽에는 아름다운 그리스도교 문화를 보여주는 성당이 많습니다. 성당을 유심히 보신 분들은 아실 텐데, 성당 중앙 제대의 한 켠에 독서대가 있고, 그 독서대의 앞면에는 동물 모양 장식이 있습니다. 어떤 동물일까요? 바로 독수리입니다. 하필 독서대에 왜 독수리 장식이 있을까요?

신약의 4대 복음서인 마태오, 마르코, 루카, 요한복음서를 상징적으로 동물에 비유하기도 하는데, 이는 에제 1,10과 묵시 4,7에서 언급된 '살아 있는 네 생물'에서 유래합니다. 마태오복음서의 1장 내용이 예수님의 족보라서 '사람'은 마태오를 상징하고, 마르코복음서의 첫 시작에 나오는 광야에서 외치는 세례자 요한의 모습이 사자와 같다고 해서 '사자'는 마르코를 상징합니다. 루카는 '황소'인데, 1장에 황소를 제물로 희생 제사를 봉헌하는 유다교 사제 즈카르야가 나오기 때문입니다. 그렇다면 요한복음서는 왜 독수리로 비유할까요? 바로 요한복음서 1장, 그중에서도 1-18절, 흔히 '로고스 찬가'라고 불리는 구절 때문입니다. 이 구절은 마치 독수리가 저 높은 하늘 위에서 온 세상을 관조하는 것처럼 묘사하고 있기 때문입니다. 또 요한복음에서는 '말씀'이라는 내용과 주제가 매우 특별하게 강조되기 때문에, 성당에서 말씀이 선포되는 독서대를 요한 복음사가를 상징하는 독수리로 장식하게 된 것입니다.

말씀의 복음서라고 불리는 요한복음은 매우 의미심장하게 시작합니다.

"한처음에 말씀이 계셨다. 말씀은 하느님과 함께 계셨는데 말씀은 하느님이셨다. 그분께서는 한처음에 하느님과 함께 계셨다"(요한 1,1-2). 요한복음서의 시작은 창세기의 시작과 매우 유사합니다. 요한복음사가는 '예수 그리스도 = 로고스 = 하느님의 말씀'이라고 하면서, 구약의 천지창조에 빗대어 예수 그리스도를 통한 이 세상의 새로운 시작과 새로운 창조를 이야기합니다. "하느님께서 말씀하시기를 '빛이 생겨라' 하시자 빛이 생겼다"(창세 1,3). 한처음에 하느님께서 '말씀'을 통해 온 세상 만물을 창조하셨는데, 바로 하느님 창조의 힘이신 그 말씀이 이제 사람이 되시어 우리 가운데에 계신다(요한 1,14)고 선포합니다.

요한복음에서 '말씀'이라고 번역된 그리스어는 '로고스'(λόγος)인데, 이 단어의 뜻은 원래 '말', '이야기', '담론'입니다. 그런데 예수님이 태어나시기 전에 유행했던 고대 그리스 철학 중에 스토아학파는 이 단어를 좀 더 철학적으로 해석했고, 로고스라는 단어를 '이성', '논리', '근거', '만물의 이치' 등의 의미로 사용했습니다. 특히 스토아학파의 대표적 철학자였던 필론은 한 걸음 더 나아가 '로고스'를 '가장 근원적인 법칙', '세상 모든 근거의 근거'라고 해석하여 사용하였습니다. 세상 모든 근거의 근거, 즉 세상의 가장 첫 번째 원인, 철학 용어로 '제1원인'(prima causa)은 신神 혹은 하느님에게 적용되는 표현이었기에, 로고스라는 단어는 하느님을 의미하는 것이었습니다. 90-100년경에 쓰인 요한복음은 시작에서 '한처음에 로고스가 계셨다'라고 신앙고백을 합니다. 이는 예수를 로고스, 즉 하느님의 말씀, 우주의 근원, 하느님의 아들이라고 규정하는 표현입니다. 물론 요한 복음사가가 당시 철학자들이 말했던 의미를 그대로 받아들인 것은 아니지만, 철학적 의미에 근거해서 예수 그리스도가 하느님이심을 증언하려고 로고스라는 표현을 사용한 것은 맞습니다.

간혹 일부 개신교 신학자들은, 초기 그리스도교가 그리스의 문화나 철학의 영향을 받았다는 사실을 끔찍하게 싫어하고 부정합니다. 요한 복음사가가 예수님을 로고스로 해석한 사실에서 그리스 철학적인 요소를 완전히 제거하고 보려는 입장도 있는데, 이는 성경에 대한 올바른 해석이라기보다 일부 개신교 신학자들의 선택적 해석이라고 판단됩니다. 그리스도교가 비교적 일찍부터 보편적인 종교로 자리를 잡고, 하느님에 대한 신앙을 다양하게 신학적으로 이해하는 데 있어 당시 그리스 철학의 도움과 영향은 지대했습니다. 하느님이 창조하신 이 세상에는 분명 규칙과 법칙과 논리가 있습니다. 학문과 철학의 역할은 이 세상과 인간에게 주어진 법칙과 논리를 제대로 이해하고 잘 적용하는 것입니다. 특히 철학은 신앙을 올바르게 이해하도록 도와주는 중요한 기준입니다. 인간의 학문인 철학이 하느님의 신비를 온전히 이해할 수는 없습니다. 설명할 수 있는 부분이 있고, 설명이 불가능한 부분이 있습니다. 비록 제한적이긴 하지만, 학문을 통해 신앙을 분명하게 이해할 수 있는 내용과 범위가 있습니다. 철학과 이성의 도움이 없으면 신앙은 맹목적으로 변하고, 근본주의를 강조하게 되며, 맨날 '예수 천국' '불신 지옥'만 외치게 됩니다.

이성주의는 모든 것을 오직 이성을 통해 해결하려는 입장이고, 신앙주의는 모든 것을 오직 신앙으로 바라보고 해석하려는 입장입니다. 가톨릭교회는 이미 19세기에 개최된 제1차 바티칸 공의회에서 이 두 가지 입장을 배격했습니다. 가톨릭교회의 입장은 이성과 신앙의 조화, 그리고 이성보다는 신앙의 우위를 강조합니다. 그리스도교는 로고스이신 예수 그리스도, 즉 세상을 창조하신 힘인 하느님의 말씀 안에 이미 논리와 근거와 이성이 존재한다고 보기 때문입니다. 창조된 세상과 인간 안에 하느님의 말씀이, 하느님의 뜻과 의지가 담겨 있습니다. 이 모든 것을 이해하는 열쇠가 바로 '말씀이신 그리스도'입니다. 예수 그리스도는 하느님의 말씀이 사람이 되신 분입니다. 이분 안에 삼위일체 하느님에 대한 모든 답, 인간에 대한 모든 답이 있습니다. 예수 그리스도를 통해서 성부가 누구신지, 성령은 어떤 분이시고 어떻게 활동하시는지 알 수 있습니다. 인간은 어떤 존재이고, 어디에서 와서 어디로 가는지, 왜 살아야 하는지에 대한 모든 답이 예수 그리스도 안에 있습니다.

# 예수님 복음의 핵심, 하느님 나라

평소에 기도를 '잘'하시나요? 무엇이 기도를 잘하는 것인지 규정하기가 쉽지 않습니다. 사실, 기도하는 것 자체가 쉽지 않습니다. 기도가 도대체 무엇인지 잘 모르기 때문입니다. 혹시 이런 고민을 하는 분이 계시면 걱정하지 않으셔도 됩니다. 왜냐하면 예수님이 직접 뽑으셨고, 늘 예수님 곁에 머물렀던 제자들 역시 기도하는 방법을 몰라서 예수님께 기도하는 것을 가르쳐달라고 청하였습니다(루카 11,1). 이때 예수님이 알려주신 기도가 바로 '주님의 기도'입니다. '주님의 기도'는 주님이신 예수님이 직접 가르쳐주신 기도, 말 그대로 저자 직강(!)의 기도입니다. 아마도 예수님이 평소에 바치시던 기도를 제자들에게 알려주신 것이 아닌가 싶습니다.

예전의 어느 성인께서 만일 주님의 기도의 의미를 제대로 알고 바칠 수 있다면 그 사람은 성인이 될 수도 있을 거라 말씀하셨습니다. 여러분은 '주님의 기도'의 말마디가 지닌 깊은 뜻을 잘 알고, 느끼며, 마음을 다해 바치고 계신가요?

첫 구절은 잘 아시는 것처럼, '하늘에 계신 우리 아버지'입니다. 도대체 '하늘'이 어딘가요? 머리 위? 지상에서 100미터 높이? 구름 위? 대기권 밖?

성경에 따르면 하느님께서는 온 우주를 창조하셨습니다. 그런데 오늘날 과학자들의 견해에 따르면, 우주의 크기는 대략 150-200억 광년이라고 합니다. 즉 우주의 한쪽 끝에서 반대쪽 끝까지 이르는 거리는 빛의 속도로 150억 년 이상을 가야 도달 가능한 거리라는 이야기입니다. 그리고 이 우주 안에는 수많은 별이 있다고 합니다. 예를 들어, 태양계에는 태양만 별(항성)이고, 지구를 비롯한 나머지는 행성입니다. 과학자들은 은하계 안에 대략 4천억 개의 별이 있다고 하고, 우주 전체에는 대략 10의 23승 개의 별이 있다고 합니다. 지구상의 모래가 대충 10의 20승 개라고 하니, 우주의 크기가 얼마나 크고 넓은지 별의 개수가 얼마나 많은지 가늠하기조차 쉽지 않습니다. 이 거대한 우주 안에서 지구의 크기는 얼마나 될까요? 그 안에서 대한민국의 크기는 얼마나 될까요? 서울의 크기는? 여러분 집의 크기는? 이 우주 전체 안에서 여러분 각자의 크기는 얼마나 될까요? 복음서의 예수님 말씀에 따르면, 우주의 창조주이자 우주보다 더 크신 하느님은 우리의 머리카락 개수까지 알고 계신다고 합니다. 물론 머리카락 개수가 많지 않은 분은 하느님이 헤아리시기 좋겠지만, 우주보다 더 크신 분이 우리의 머리카락까지 다 헤아리고 계신다는 것을 믿을 수 있으신가요? 우리가 주님의 기도에서 '하늘에 계신 우리 아버지'라고 부르고 믿는 분은 창조주이신 하느님, 전능하신 하느님, 세상 어떤 것보다 더 크신 하느님이시고, 우리는 바로 그분께 고백하는 것입니다.

'하늘'이라는 곳은 바로 하느님이 계신 곳, 즉 이 세상과 이 우주의 모든 곳을 의미합니다. 주님의 기도를 통해서 예수님은, 우리가 믿는 하느님이 이 세상 모든 곳에, 언제 어디에나 계시는 우리 모두의 아버지인 동시에 어머니라고 가르쳐주십니다. 예수님은 우리에게 하느님이 어떤 분이신지 알려주기 위해 이 땅에 오셨습니다.

마르코복음서는 예수님이 지상에서 우리를 향한 첫 일성으로 다음과 같이 말씀하셨다고 가르쳐줍니다. "때가 차서 하느님의 나라가 가까이 왔다. 회개하고 복음을 믿어라"(1,15). 예수님은 이 땅에 인간을 구원하기 위해 오셨는데, 인간 구원의 구체적 내용이자 방법은 '하느님 나라로의 초대'입니다. 하느님 나라를 알려주고, 하느님 나라로 초대해서, 그 나라에 살도록 이끌기 위해 예수님은 이 땅에 오셨습니다. 예수님은, 하느님 나라에 살기 위한 전제 조건으로 먼저 "회개하라"고 말씀하십니다. '회개(悔改, *metanoia*)를 다른 말로 표현하면, '회두回頭' 또는 '회심回心'인데, 이는 '고개를 돌리는 것', '마음을 하느님께로 향하는 것'을 뜻합니다. 흔히 "여러분, 회개하십시오!"라고 말하면, 많은 분이 고개를 숙이고 슬픈 표정을 짓습니다. 그런데 회개의 궁극적 의미는 죄지은 표정을 짓고 괴로워하라는 것이 아니라, 하느님을 바라보고 몸과 마음을 하느님께로 향하라는 초대입니다. 이처럼 회개하는 사람만이 하느님과 그 나라를 알아보고 살 수 있습니다. 즉, '회개 = 믿음'이라고 할 수 있습니다.

만일 그리스도교 신자들에게 그리스도교에서 가장 중요한 게 무엇이냐고 묻는다면, 거의 대부분은 '사랑'이라고 답합니다. 이 대답은 틀린 답이 아니지만, 맞는 답도 아닙니다. 그리스도교에서 가장 중요한 것 혹은 그리스도교의 핵심을 사랑, 구원, 은총, 부활 등으로 말한다면 올바른 답이 아닙니다. 그럼 정답은 무엇일까요? 그리스도교의 핵심 중의 핵심은 바로 예수 그리스도입니다. 너무나 당연한 이야기지만, 대부분 이렇게 답을 하지 못합니다. 신자들이 이렇게 명확하게 답하지 못하는 가장 큰 이유는 저와 같은 신부들이 제대로 가르쳐드리지 않았기 때문입니다. 동시에 신자 여러분들도 이미 배우긴 했지만 제대로 이해하지 못했거나, 들었지만 제대로 기억하지 못하는 경우가 많습니다. 다시 한번 더 강조하자면, 하느님의 말씀이신 예수 그리스도가 그리스도교의 중심입니다.

말씀이신 그리스도께서 이 땅에 오신 이유는 복음을 선포하기 위함이고, 복음의 모든 내용 중에 가장 핵심은 바로 하느님 나라의 선포입니다. "때가 차서 하느님의 나라가 가까이 왔다. 회개하고 복음을 믿어라"(마르 1,15). 하느님 나라는 예수님이 선포하신 '복음의 핵심 메시지'(케리그마 *Kerygma*)입니다. 그리고 '사랑'은 그리스도교의 첫째가는 계명입니다. 하느님 사랑과 이웃 사랑은 첫 번째 계명, 즉 하느님 나라에 살기 위해 우리가 지녀야 할 삶의 자세이며 실천 사항입니다.

하늘에 계신 우리 아버지! 하느님은 하늘에 계십니다. 하늘같이 높고 넓은 분이시고, 인간이 도달할 수 없는, 무한한 초월자이십니다. 그런데 하늘에 계신 하느님은 땅 위에 사는 우리들의 아버지라고 예수님께서 가르쳐주셨습니다. 하느님을 '아버지', 즉 남성적으로 표현하는 것은 성경이 기록된 당시의 가부장적인 표현이고, 예수님 역시 당시 사람들이 이해하기 쉽도록 선택하신 표현이라고 보는 것이 맞습니다. 이 표현이 실제로 하느님의 남성적 특성을 강조하는 것은 아닙니다. 하느님은 부성은 물론 모성도 충만한 분이고, 성경을 보면 아버지의 모습보다 어머니의 모습에 더 가까운 경우도 많습니다.

예수님은 하늘에 계신 분을 우리가 '지금 여기서' 만날 수 있도록 이 땅 위에 하느님 나라를 세우고자 하셨습니다. 하느님께서는 하늘은 물론이고, 언제나 어디서나 우리 곁에 계시는 분이라는 사실을 우리에게 알려주셨습니다. 물론 하느님은 늘 우리 곁에 계시지만 우리는 그분의 존재를 잘 알지 못하고 느끼지 못합니다. 그런데 그 막연해 보이는 하느님 나라를 느끼고 체험하는 방법이 있습니다. 하늘에 계신 하느님은 땅에 사는 우리의 아버지이시기에, 천상의 신비는 물론이고 땅에 주어진 신비를 통해서도 그분을 알 수 있습니다. 예수님은 하늘 나라가 가까이 왔다고, 하늘 나라는 이미 우리 곁에 와 있다고 알려주셨습니다. 하늘 나라를 겨자씨나 누룩 혹은 밭에 묻힌 보물 등에 비유하시면서(마태 13장 참조), 하늘과 땅 모두가 하느님을 만나고 체험할 수 있는 곳이라고 알려주십니다. 하늘과 땅에서 어떻게 하느님을 만날 수 있을까요? 모든 답은 예수 그리스도에게 있습니다. 우리 곁에 머물러 계셨던 하느님의 말씀이신 예수님의 모든 말씀과 행적이 하느님이 누구이고 인간이 누구인지를 알려줍니다. 예수님의 말씀을 자주 듣고, 마음에 새기고, 예수님의 몸을 내 안에 정성스럽게 모심으로써, 하느님을 만나고 은총과 구원을 체험하며 이 땅에서 하느님 나라를 살 수 있습니다. 예수님의 말씀과 삶이 하느님께 이르는 길이고 진리이며 생명입니다.

# 왜 최후의 만찬이 중요한가?

우리에게 하루의 시작은 언제인가요? 해가 떠오를 때일까요? 아니면 잠에서 깰 때일까요? 무엇을 기준으로 하느냐에 따라 시작도 달라질 것입니다.

시계를 기준으로 한다면 23:59에 하루가 끝나고, 00:00에 하루가 시작됩니다. 하지만, 예수님 시대에 유다인들에게는 다른 기준이 있었습니다. 하루의 시작은 해가 지는 시각 곧 저녁이고, 하루가 끝나는 시각은 해지기 직전입니다. 그래서 오늘날에도 유다인들에게 안식일은 금요일 해질 무렵부터 토요일 해지기 직전까지입니다. 예수님과 제자들의 최후 만찬 역시 목요일 저녁 해진 후에, 즉 금요일이 시작

될 때 거행하신 것입니다.

가톨릭교회에는 성주간이 있고, 성삼일이 있는데, 성삼일은 언제부터 언제까지인가요? '목·금·토요일'일까요? 아니면 '금·토·일요일'일까요? 둘 다 아닙니다. 정답은 목요일 저녁, 즉 금요일 시작부터 일요일 해지기 전까지입니다. 우리식으로 말하면 목요일 저녁부터 일요일 오후까지이고, 유다교식으로 말하면 '금·토·일요일'입니다.

금요일 시작 무렵에 최후의 만찬이 시작되었고, 이후 겟세마니 기도, 체포, 재판과 사형선고, 끔찍한 매질이 이어집니다. 그리고 금요일이 끝날 무렵 예수님은 십자가에 못 박혀 돌아가십니다. 즉 금요일 하루 동안에 인류 구원을 위한 많은 일이 일어났던 것입니다. 특히 인류 구원을 위한 예수님의 수난과 죽음의 첫 시작은 바로 최후의 만찬이었습니다.

예수님은 평소에 '만찬', 즉 먹고 마시기를 매우 잘(?)하셨습니다. 복음서의 여러 곳에 먹고 마시는 예수님의 모습이 나오고, 심지어 사람들은 잘 먹고 잘 마시는 예수님을 '먹보요 술꾼'(루카 7,34)이라고 불렀습니다. 많은 신부님이 예수님을 닮기(?) 위해서 오늘도 열심히 먹고 마신다는 것을 꼭 기억해주시기 바랍니다. 예수님은 사람들을 만나면 복음을 전하기 전에 먼저 밥을 함께 드셨습니다. 예수님의 이런 선교 방식을 신학적 표현으로 '식탁공동체'(Tischgemeinschaft)라고 합니다. 예수님은 만나면 일단 먹고 마시면서 긴장을 풀고 서로 친해진 다음에, 마음을 움직이는 말씀을 해주셨습니다. 그래서 예수님과의 만찬은 평소에 자주 있었고, 그중 가장 마지막 만찬은 수난받기 전날 밤에 제자들과 함께하신 '최후의 만찬'이었습니다.

최후의 만찬은 매우 중요하고 의미심장한 순간이었습니다. 예수님은 지상을 떠나시기 직전, 제자들과의 마지막 식사 자리에서, 가장 사랑하는 제자들에게 살아가는 방법과 사랑하는 방법을 알려주셨고, 당신을 언제나 '기억'하고 '기념'하라고 말씀하셨습니다.

예수님이 제자들과 거행하셨던 최후의 만찬과 관련해서 가장 중요한 신학적인 질문은 '이 만찬이 과연 예수님의 십자가 구원 사건과 직접 연관이 있는가' 하는 문제입니다. 이는 최후의 만찬과 성체성사의 연관성에 대한 중요한 질문입니다. 만일 수난 전날 밤의 최후 만찬이 십자가 사건과 직접 관련 없이 그저 늘 하던 식사 혹은 만찬 중의 하나였다면, 오늘날 우리가 봉헌하는 성체성사의 의미와 중요성은 살짝 반감될 수 있습니다. 하지만 당연히(!) 복음사가들은 최후의 만찬을 십자가 사건과 직접 관련된 것으로 설명합니다. 최후의 만찬 중에 맺어진 새 계약은 십자가 사건에서 완성되었습니다. 최후의 만찬은 구약의 하느님 백성이 겪었던 파스카 사건을 기념하는 것이고, 동시에 예수님의 십자가를 통해 새로운 파스카를 체험할 새로운 하느님 백성의 구원을 상징하는 사건입니다.

그런데, 최후의 만찬이 실제 벌어진 날짜와 관련해서 공관복음서와 요한복음서가 전하는 내용에는 미묘한 차이가 있습니다. 마르 14,12에는 "무교절 첫날 곧 파스카 양을 잡는 날에"라는 표현이 있습니다. 양을 잡는 날은 파스카 축제 전날, 오늘로 하면 목요일 낮입니다. 이날 일몰 후 파스카 축제가 시작되고, 파스카 식사를 하기에,

최후의 만찬은 곧 파스카 식사가 됩니다. 공관복음서의 관점은 최후의 만찬을 파스카와 연결하여 해석합니다. 즉 금요일 시작 시점(목요일 일몰 후)에 파스카 잔치(최후 만찬)가 시작되고, 이후 겟세마니 기도, 체포, 사형선고, 십자가 수난과 죽음, 무덤 안치까지 이어지는 일련의 사건들이 금요일 하루 동안 이루어집니다. 이상의 내용이 공관복음의 관점인데, 여기에는 몇몇 의문이 있습니다.

요한복음은 최후의 만찬을 파스카로 묘사하지 않고, 다른 관점에서 서술합니다. 요한 18,28은 빌라도 관저에 들어가지 않으려는 유다 지도자들의 모습을 그립니다. "그들은 몸이 더러워져서 파스카 음식을 먹지 못할까 두려워" 이방인 총독의 관저에 진입하지 않았습니다. 파스카는 저녁에 시작하고, 재판과 십자가 처형은 파스카 전날, 즉 파스카 준비일에 이루어졌습니다. 공관복음의 관점은 그 해의 파스카 축제가 목요일 저녁부터 금요일 저녁인데 반해, 요한복음의 관점은 금요일 저녁부터 토요일 저녁에 파스카 축제가 이루어지는 것으로 묘사합니다. 요한복음의 관점에서 예수님과 제자들이 함께한 최후의 만찬은 그 해의 파스카 식사가 아니라는 것입니다. 요한복음 13장에 최후의 만찬 기사가 비교적 짧게 다뤄진 것도 눈에 띕니다. 요한의 관점에 따르면, 재판과 십자가 처형이 금요일, 즉 파스카 축제 전날 이루어졌다는 것인데, 이날은 축제 준비를 위해 어린양이 도살되는 날이었습니다. 요한은 예수님 죽음의 의미를 파스카 양들의 도살과 연관 짓습니다. 요한은 금요일 오후 3시 파스카 축제를 위해 어린양들이 도살되는 시간에 예수님의 십자가 사건이 이루어졌고, 파스카 축제 당일인 토요일에는 무덤에 묻히셨으며, 일요일에 부활하셨다고 보는 것입니다. 여기서 공관복음서의 파스카 축제 날짜와 차이가 드러납니다. 공관복음서는 최후의 만찬을 파스카 전통과 밀접하게 연관시켜 서술합니다.

어느 관점이 맞는지 정확히 알 수는 없지만, 요한의 해석이 사실에 더 가까울 것으로 추정합니다. 우선 축제 당일에는 재판이나 처형이 불가능합니다. 빌라도의 신문 과정 때 아직 파스카 음식을 먹기 전이라고 한 것도 그렇고, 죄인을 석방하는 전통도 보통 최소 축제 하루 전에 이뤄지는 것도 그렇고, 아마도 요한의 관점이 더 타당하리라 판단됩니다. 따라서 최후의 만찬은 유다교의 파스카 축제 음식이 아닐 수 있습니다. 요한복음은 새로운 파스카 축제, 새로운 파스카 음식의 의미를 드러냅니다. '파스카'는 하느님이 당신의 백성 이스라엘을 구원하신 사건입니다. 어린양의 피를 이스라엘 사람의 집 문설주에 발라서, 하느님의 재앙이 그 집은 '건너뛰게'(과월, *pascha*, passover)하는 것이 구약의 파스카였습니다. 신약의 파스카는 하느님의 어린양이신 예수님의 피를 통해서 새로운 하느님 백성을 구원으로 이끄는 구원 사건입니다. 예수님은 모든(또는 많은) 사람의 구원을 위해서 당신의 목숨을 바치는 '대속代贖'의 길을 가셨습니다. 이 대속의 길이 바로 '주님의 종'이 받아들여야 하는 소명입니다. 많은 사람의 구원을 위한 자기희생입니다. 이러한 십자가 사건의 의미를 가장 잘 드러낸 사건이 최후의 만찬입니다. "모두 이 잔을 마셔라. 이는 죄를 용서해주려고 많은 사람을 위하여 흘리는 내 계약의 피다"(마태

26,27-28). 구약의 시나이 계약(탈출 24장)이 예수님의 피를 통해서 새롭게 갱신되고 새로운 계약이 체결됩니다. 구약의 제사 양식처럼 더 이상 짐승의 피로 하느님과 인간이 연결되지 않고, 단 한 번 흘리신 예수 그리스도의 피를 통해 우리는 하느님과 계약을 맺고 구원을 보증받게 되었습니다.

따라서 최후의 만찬, 그리고 성찬례를 제정하시는 예수님의 말씀은 교회가 설립되는 데 가장 결정적인 역할을 합니다. 어떤 의미에서는 교회의 시작이라고도 할 수 있습니다. 예수님은 제자들을 불러 모아 공동체를 이루시고, 교회는 그리스도의 몸을 통해 하나가 되고 공동체가 됩니다. 교회는 그리스도의 죽음과 그리스도의 몸을 통해 인간과 세상에 구원을 전하게 됩니다.

# 왜 예수님은 십자가에 못 박혀 돌아가셔야 했나?

"Pain is inevitable, suffering is optional." 작가 무라카미 하루키가 사용했던 유명한 표현인데, 제가 가끔 강의 중에 인용하는 문장입니다 《달리기를 말할 때 내가 하고 싶은 이야기》, 문학사상사, 2009). 이 문장은 '아픔은 피할 수 없지만, 고통은 선택하기에 달렸다'고 해석할 수 있을 것 같습니다. 달리기를 하다가 힘들면 본인이 즉시 그만둘 수 있습니다. 하지만 본인의 가치관에 따라서 달리는 동안 고통스러워도 참고 견디면서 더 나은 것을 기대할 수도 있습니다. 고통이 좋아서가 아니라, 고통을 참고난 후를 위해서입니다. 가치 있고 의미 있는 일을 위해서 지금의 고통을 참고 견디는 것은 짐승과 인간을 구별하는 기준이 될 수도 있고, 어쩌면 인간의 가장 깊은 본질과도 같은 일입니다.

의미를 추구하는 존재인 인간은 극도의 어려움 속에서, 심지어 목숨이 위태한 극한 상황에서도 궁극적인 가치와 목적을 선택할 수 있습니다.

한국에서는 여러 종교가 큰 갈등이나 부딪침 없이 공존합니다. 가끔 불교와 일부 개신교 사이에 갈등이 있긴 하지만, 아직까지는 그저 일부의 일탈 정도라고 할 수 있을 것 같습니다. 한국에서 이미 오래 뿌리를 내린 전통 종교인 불교와 비교적 최근에 서양에서 전래된 그리스도교 신앙이 서로 존중하고 대화하며 협력하는 것은 매우 바람직하고 장려할 만한 일입니다. 그런데 불교와 그리스도교, 서로 공통점도 많지만, 분명한 차이점도 있습니다. 어떤 차이점이 있을까요? 예수님과 부처님의 헤어스타일?

예를 들어, 고통의 문제에 대한 태도와 관점에서 두 종교는 분명한 차이가 있습니다. 인간이 겪는 고통과 관련해서 부처님은 고통의 원인에 대해서 분명하게 말씀하십니다. 고통의 원인은 바로 인간의 욕심에서 기인한다고! 그러므로 욕심을 버리고 이겨내는 것이 고통에서 벗어나는 길이라고 해결책을 제시합니다. 그렇다면 예수님은 인간이 겪는 고통의 원인이 무엇이라고 말씀하셨나요? 고통에 처한 사람들에게, 아프고 힘든 사람들에게, 태어날 때부터 불구자로 살았던 사람에게 예수님은 그 사람이 겪고 있는 고통의 근본적인 원인을 설명해주셨나요? 모든 인간이 살아가면서 겪는 고통과 슬픔이 도대체 어디에서 오는 것인지에 대해서 예수님은 뭐라고 답하셨나요?

정답은 '예수님은 우리가 겪는 고통의 원인에 대해서 아무 말씀도 안 하셨다'입니다.

예수님은 고통의 원인에 대해서 설명하지 않으셨습니다. 대신 예수님은 인간의 삶 앞에 놓여 있는 고통을 말없이 받아들이셨습니다. 인간이 살아가야 할 삶의 길과 방법을 예수님은 직접 보여주셨습니다. 예수님은 하느님 말씀대로 착하고 올바르게 사셨지만, 당시 힘 있는 사람들, 권력을 가진 사람들과 자주 부딪치셨습니다. 결국엔 모함과 온갖 모욕을 받으셨고, 마침내 십자가에 못 박혀 돌아가셨습니다.

예수님은 왜 십자가에 못 박혀 돌아가셨나요? 가장 중요한 이유는 인간의 죄를 대신하여 당신 자신을 제물로 바침으로써 인간을 하느님과 화해시키기 위한 것이었습니다. 구약시대에는 대사제가 하느님 백성 전체를 대표하여 짐승의 피와 속죄 예식을 봉헌함으로써 죄를 용서받았습니다. 그런데 예수님은 당신 피를 봉헌하시어, 단 한 번의 희생 제사를 통하여 모든 인간의 죄를 대속(代贖, 남의 죄를 대신해서 속죄하거나 대가를 치르고 풀려나게 하는 것)하셨습니다. 예수님의 십자가 죽음의 의미는, 인간의 죄 때문에 어그러진 하느님과 인간의 관계를 다시금 화해시키고, 인간에게 영원한 삶의 길을 열어주는 것입니다. 인간은 자신의 죄 때문에 고통을 겪어야 했고, 죽음이라는 절망의 상황을 마주해야 했습니다. 그런데 구세주 예수 그리스도께서는 모든 고통과 죽음을 이겨내는 방법과 길을 직접 보여주셨습니다. 내게 주어진 십자가를 지고, 하느님의 말씀을 가슴에 품고, 예수님을 뒤따라가는 것입니다. 이 길은 힘들고 어려운 길이지만, 갈 수 있는 길이고 가야만 하는 길입니다. 이 길은 혼자 가는 길이 아니라, 예수님과 함께 가는 길입니다.

예수님께서는 십자가에 매달리셨을 때 조용히 기도하셨습니다. "하느님, 저의 하느님, 어찌하여 저를 버리시나이까?" 이 구절은 자신의 고통 때문에 하느님을 원망하는 기도가 아니라, 하느님께 대한 깊은 신뢰를 표현하는 기도입니다. 이 기도는 "엘리 엘리 레마 사박타니"로 시작하는 시편 22편의 내용입니다. 이 시편은 하느님의 의인이 처음에 하느님께 자신의 고통을 호소하며 괴로워하지만, 마지막 (25-27절)엔 결국 기도에 대한 응답을 찬양하고 하느님에 대한 깊은 신뢰와 믿음을 고백하는 내용입니다. 예수님이 십자가 위에서 이 시편을 읊으신 이유는 하느님으로부터 버림받음을 표현한 것이 아니라, 오히려 하느님에 대한 믿음을 드러내는 동시에 자신이 하느님의 고난받는 의인, 주님의 종임을 보여주시는 것입니다. 이사야서 53장에 나오는 주님의 종은 자신이 다른 사람들을 위하여 그들의 죄를 대신하여 보속하는, 즉 대속하는 모습을 보여주는데, 예수님은 주님의 종으로서 십자가 위에서 우리 모두의 죄를 대속하십니다. 예수님은 이타실존(利他實存, Proexistenz)으로서 십자가에 봉헌되셨습니다. 그 당시 9시경, 오늘날 오후 3시경에 예수님은 돌아가시기 직전 "다 이루어졌다"(요한 19,30)라고 말씀하셨습니다. 참 많은 의미를 품은 이 말씀은 특히 십자가 사건을 통해 우리 모두의 죄가 정화되고, 하느님과 새로운 관계가 시작되었음을 알려줍니다.

예수님 죽음의 의미는 화해(=속죄)와 구원입니다. 구약의 이스라엘 백성은 성전에서 짐승의 피를 봉헌함으로써 죄를 정화하고, 하느님께 기도하며 구원을 기대했습니다. 그러나 신약시대에는 예수님의 십자가라는 새로운 성전을 통해서 새로운 예배 양식, 참된 속죄와 정화가 시작되었습니다. 예수님은 인류 전체를 위한 희생 제물입니다. 인간의 죄를 대신 짊어지고, 자신을 화해와 속죄의 제사를 위한 제물로 바치셨습니다. 십자가를 통해 인간의 정화, 하느님과 인간의 화해, 재결합과 새로운 시작, 즉 구원 사건이 이루어졌습니다.

예수님이 십자가에 매달리신 또 다른 중요한 이유는 바로 인간에게 올바른 삶의 길을 가르쳐주시기 위함입니다. 예수님이 하느님 말씀대로 살았음에도 불구하고 억울하고 비참하게 십자가에서 돌아가신 것처럼, 우리 그리스도인도 하느님 말씀대로 살면 십자가에 못 박혀 죽을 수 있습니다. 이래도 하느님 말씀대로 살고 싶으신가요? 하지만, 한 번 더 생각해 보면, 인간은 하느님 말씀대로 살든 살지 않든 자신의 십자가를 지고 살아야 하고, 결국엔 십자가에 못 박혀 죽을 수밖에 없습니다. 모든 인간의 삶이란 매우 짧고도 유한하며, 자기 뜻대로 되지도 않고, 불완전하고 허무한 것이기 때문입니다. 인간은 하느님이 아니기에 어쩔 수 없는 한계를 지니고 살 수밖에 없습니다. 그러나 하느님 말씀대로 살면, 십자가에 못 박혀 죽더라도, 결국엔 부활할 것입니다.

그리스도교는 십자가가 바로 구원의 장소이고, 방법이며, 행복하게 살기 위한 길이라고 가르칩니다. 각자 자신의 십자가를 지고 예수님을 따라가는 것이 우리에게 주어진 몫입니다. 십자가란 어떤 것일까요? 사람마다 다르겠지만, 자신을 가장 힘들게 하는 것이 자신에게 주어진 십자가입니다. 어떤 사람에게는 자식이, 어떤 사람에게는 부모가, 또 다른 누군가에게는 자신의 현실이나 미래가, 혹은 지금 자신을 힘들게 하는 자신의 능력이나 뱃살 등도 십자가일 수 있습니다. 어떻게 이 힘들고 무겁고 피하고 싶은 십자가를 지고 살아갈 수 있을까요? 모든 답은 예수님에게 있습니다. 예수님처럼 하느님께 기도하고 일치하고, 하느님 말씀대로 살아가는 것입니다.

때로 십자가는 우리를 절망적인 상황으로 이끌곤 합니다. 삶이 더 이상 희망이 없어 보일 때도 있습니다. 'nowhere'라는 영어 단어가 있습니다. 예수님이 십자가에 매달리셨을 때 사람들이 느낀 절망감입니다. 하지만 예수님은 절망 안에서 새로운 희망을 보여주십니다. 예수님을 통해서 이 단어는 'now'+'here'가 될 수 있습니다. 신앙인들이 바라봐야 할 희망입니다. 그리스도인들은 십자가에서 삶의 의미를 묵상하고, 발견하는 사람들입니다. "우리는 십자가에 못 박히신 그리스도를 선포합니다. 그리스도는 유다인들에게는 걸림돌이고 다른 민족에게는 어리석음입니다. 그렇지만 … 부르심을 받은 이들에게 그리스도는 하느님의 힘이시며 하느님의 지혜이십니다"(1코린 1,23-24).

# 예수님의 구원 사업
## -수난, 죽음, 부활-

예수님의 십자가 사건이라는 극적인 드라마의 시작과 끝은 하루 동안 이루어졌습니다. 오늘날 우리가 성목요일 저녁이라고 하는 시간부터 성금요일 오후까지가 십자가 사건의 시작이자 마침이었습니다. 이 하루를 구원 사건의 절정이라고 할 수 있습니다. 가톨릭교회는 성주간을 통해 이 하루의 의미를 더욱 분명하게 밝힙니다.

성주간의 시작, 즉 구원 사건의 중심인 예수 그리스도 수난과 죽음과 부활의 시작은 '주님 수난 성지주일'이라고 기념하는 '예루살렘 입성'에서 시작됩니다. 예수님이 제자들과 함께 예루살렘에 입성하신 이유가 표면적으로는 해마다 거행되는 파스카 축제에 참가하기 위함이고, 실제로는 스스로를 파스카 제물로 봉헌하시기 위함입니다. 그 옛날 파스카 사건 때 하느님 백성인 이스라엘이 어린양의 피로 구원된 것처럼, 하느님의 어린양이 흘리는 피로 새로운 하느님 백성을 구원하기 위함입니다.

성경의 구성이나 배치에 따라 다르게 해석할 수도 있지만, 예루살렘 입성 이후 어느 때에 '성전 정화 사건'이 이루어졌다고 볼 수도 있습니다. 예수님의 다소 과격한 행동과 말씀이 두드러진 이 사건은 성전聖殿의 본래 의미를 일깨우는 동시에 당신의 부활을 암시하는 말씀입니다. 구약에서 성전이란 하느님의 계약 궤를 보관하는 장소입니다. 궤 안의 증언판에 쓰인 하느님의 말씀이 하느님의 현존과 동일시되었기에, 성전은 하느님이 계시는 가장 거룩한 장소입니다. 그래서 유다인들이 성전을 순례하고 기도하는 것은 권리이자 의무였습니다. 하지만 그들이 하느님께 바칠 예물은 깨끗하고 흠 없는 것이어야 하는데, 이를 판별하는 당시 사제들과 지도층은 상인들과 결탁하여 폭리를 취하였습니다. 당시 유다인들은 로마 제국에 많은 세금을 빼앗기고, 이스라엘 지도층에도 착취당하는 이중의 고통 속에 살았습니다. 예수님의 성전 정화는 '강도들의 소굴'이 되어버린 성전에서, 제의와 장사 행위를 결합한 자들에게 경고하는 동시에 새로운 성전, 즉 하느님 현존이 함께하는 예수 그리스도의 죽음과 부활을 예고하는 사건이었습니다.

이후 시간이 잠시 지난 후에 지극히 거룩한 성삼일이 시작됩니다. 예수님의 수난과 죽음과 부활이 이루어지는 시간이기에 '파스카 성삼일'이라고 합니다.

성삼일의 시작은 최후의 만찬 직전 벌어지는 '발씻김 예식'(세족례)입니다. 예수님이 제자들의 발을 씻어주신 일인데, 이 예식의 핵심은 '봉사'의 의미와 자세입니다. 돌아가시기 전날 밤에 사랑하는 제자들에게 보여주신 유언과 같은 행위의 첫 번째 모습입니다. "주님이며 스승인 내가 너희의 발을 씻었으면, 너희도 서로 발을 씻어주어야 한다"(요한 13,14). 봉사는 그리스도인의 기본 자세이자 본질입니다. 봉사하지 않는 사람은 올바른 그리스도인이 아닙니다. '발씻김'의 의미는 크게 세 가지입니다.

*첫째, 깨끗함입니다.* 씻는 행위는 깨끗해지기 위한 정화 예식입니다. 몸과 마음을 씻고, 죄를 씻어야 예배를 준비하고 거행할 수 있으며, 성화聖化될 수 있습니다.

*둘째, 새 계명입니다.* 발을 씻어주시고 봉사의 사명을 알려주신 뒤 예수님은 정화된 제자들에게 새 계명을 주십니다. "내가 너희에게 새 계명을 준다. 서로 사랑하여라. 내가 너희를 사랑한 것처럼 너희도 서로 사랑하여라"(요한 13,34). 새로운 계약新約의 구체적 실천 사항인 계명은 사랑의 계명이고, 예수님의 죽음 직전에 유언처럼 남겨집니다. 이제 구원받을 수 있는 방법이 달라집니다. 예수 그리스도에 대한 믿음과 사랑의 계명!

*셋째, 제자들의 삶이 대조됩니다.* 수난 전날 밤이자 새 계명이 주어지는 가장 거룩한 시간, 하느님의 신비가 가득한 시간에 배반이 무르익습니다. 유다의 발 역시 예수님의 손길로 깨끗해졌을 것입니다. 하지만, 유다는 스승을 배신하기 위해 어두운 밤으로 나아갔습

니다. 죄의 속성은 이렇습니다. 악은 가장 거룩한 순간에 인간을 찾아와 현혹하고, 죄에 빠지게 합니다. 반면 베드로는 자기 발을 씻어 주려는 예수님께 처음에는 '제 발을 씻으실 수 없다', '그러면 발뿐 아니라 손과 머리도 씻어달라'고 하며 고집을 부렸지만, 이내 순종합니다. 그리고 죄가 씻긴 후에 새로운 관계가 시작됩니다. 예수님은 제자들에게 이제 더 이상 종이 아니라, '친구'라고 말씀하십니다. 구약에서 주님(*El* 혹은 *Elohim*)이라고 불리던 분, 공생활 중에는 주님, 스승님이라고 불리던 분이 이제는 친구라고 부르라 하십니다.

이후 '대사제의 기도'라고 불리는 그 유명한 예수님의 기도가 이어집니다. 모든 사제 중의 첫째 사제이고, 사제 중의 사제이신 대사제 예수 그리스도의 기도는 요한복음 17장 전체에 걸쳐 펼쳐집니다. 처음에는 당신 자신을 위하여(1-5절), 다음엔 제자들을 위하여(6-19절), 마지막으로 제자들을 통해 믿게 되는 이들을 위하여(20-26절) 올리는 기도입니다. 이 기도의 핵심은 하느님 사랑을 통한 일치입니다. 성부와 성자가 그러하신 것처럼, 전체 그리스도인 역시 하느님과 일치하고, 서로 일치해야 한다는 것입니다. 요한복음서에는 이 기도가 있고, 최후의 만찬에 대한 기록은 없습니다. 최후의 만찬에 대한 기록은 공관복음서와 코린토 1서에만 있습니다.

최후의 만찬 이후 예수님은 기도하러 겟세마니로 가셨습니다. 복음서는 이때가 '밤'이라고 합니다. 밤은 탈출기 12장에서 묘사된 이집트에서의 밤, 이스라엘이 어린양의 피를 통해 구원된 밤을 상징합니다. 여기서 예수님은 자신의 뜻과 아버지의 뜻에 대해서 기도합니다. 예수님의 인성과 신성은 일치하지만, 섞이거나 분리되는 것이 아닙니다. 예수님의 인간적 의지와 신적인 의지는 언제나 하나입니다. 물론 이 말은 예수님이 하느님이셨기에, 실제 고통을 느끼지 않으셨거나 고통을 느끼는 척했다는 것은 절대 아닙니다. 예수님은 참인간으로서 인간이 겪어야 하는 모든 고통을 직접 겪으셨습니다. 그리고 겟세마니의 기도 중에 하느님과 완전한 일치를 보여주십니다. 처음엔 당신 뜻으로 기도하지만, 결국에는 '그러나 제 뜻대로 마시고, 하느님 뜻대로 하소서'(non mea, sed tua!)라고 기도하시며, 순종과 일치를 드러냅니다. 우리가 어렵고 힘들 때, 어떻게 기도해야 하는지 잘 보여주십니다.

이후 예수님은 체포되고 재판을 받으십니다. 체포 이후 사형선고 과정은 세 단계로 이루어집니다. 1) 카야파 대사제의 저택에 소집된 최고 의회(산헤드린)는 예수님을 신문하였고, 2) 최고 의회는 예수님을 신성모독죄로 사형을 받아야 한다고 결의하였으며, 3) 이어 총독 빌라도 앞에서 재판을 받게 하였습니다.

최고 의회는 예수님에게 유죄를 선고하고 사형시키고 싶었지만, 재판과 집행 권한이 로마 총독에게 있었습니다. 예수님을 고발한 사람들에 대해서 각 복음서는 다르게 표현하고 있습니다. 요한은 "유다인"이라고 합니다. 이는 전체 이스라엘 사람이 아니라, 성전 귀족층과 지배층이 주도했음을 암시하는 표현입니다. 마르코는 유다 "군중"이라고 표현하는데, 이 역시 유다 백성 전체가 아니라 사제 집단과 한 무리의 군중을 의미합니다. 마태오는 "백성 전체"라고 표현하는데, 전체의 책임을 강조하려는 의도로 보입니다. "그 사람의 피에 대한 책임은 우리와 우리 자손들이 질 것이오"(마태 27,25).

사도신경에도 등장하는 당시 로마 총독 본시오 빌라도는 예수님이 율법을 위반한 것이지, 로마법을 위반한 것이 아님을 잘 알았고, 그래서 처음엔 풀어주려고 했습니다. 예수님이 반란 운동을 한 것이 아니고, 사형시킬 만한 이유도 없다는 것을 빌라도는 잘 알고 있었습니다. 하지만 매우 정치적인 인물이었던 빌라도는, 백성의 폭동을 우려해서 결국 예수님에게 사형선고를 내립니다. 이후 사형선고에 수반된 혹독한 매질과 채찍질이 가해졌고, 군사들은 예수님께 가시관을 씌웁니다. 빌라도는 예수님을 모욕하고 조롱하며 사람들 앞에 끌고 나와서 예수님을 가리키며 말합니다. "자, 이 사람이오"(요한 19,5: "Ecce homo", 이 라틴어를 직역하면 "보라, 이 사람을"). 하느님의 아들이신 예수님이 세상의 힘, 인간의 무지에 의해 조롱당하고 짓밟히고 폭력에 쓰러지는 순간입니다. 무기력한 하느님의 모습, 침묵하는 하느님의 모습이 여기서 극명하게 드러납니다. 왜 하느님은 이토록 무기력하게 사랑하실까? 무기력한 하느님의 모습은 십자가 사건에서 절정에 이릅니다. '무기력한 하느님'은 하느님의 가장 깊은 본질 중 하나이기에, 이 내용을 이해하는 것은 매우 중요합니다. 다른 곳에서 자세히 다루도록 하겠습니다.

이후 십자가 위에서의 죽음과 무덤에 안치, 그리고 믿을 수 없기에 더 믿어야 하는 부활 사건이 이어집니다.

# 7

# 예수님의 부활을
# 어떻게 이해할 수 있나?

그리스도교에는 인간의 머리로 이해하기 어려운 신비, 계시, 신학 등이 많습니다. 그중에서도 '부활'이라는 주제는 설명하기도, 이해하기도 매우 어렵습니다. 가장 큰 이유는 예수님의 부활이 어떻게 이루어졌는지 아무도 정확히 모르기 때문입니다. 부활 사건의 신학적 의미를 밝히는 일은 논리적 근거를 통해 설명하고 증명하는 것입니다. 이는 결코 쉽지 않고, 매우 제한적으로만 이야기할 수 있을 뿐입니다. 우리는 성경과 교회를 통해 주어지는 부활에 대한 가르침과 각자의 믿음을 통해서만 부활의 신앙적 의미를 깨달을 수 있고 또 이야기할 수 있습니다. 여기서는 '부활'의 신학적이고 신앙적인 의미에 대해서 간단하게 살펴보고자 합니다.

### '일어남'과 '일으켜짐'

예수님의 '부활' 사건은 일어남인가요, 아니면 일으켜짐인가요?

'일으켜짐'이라는 단어는 신학적 수동태, 즉 성부 하느님의 주도권이 강조된 표현입니다. 그리고 '일어남'이라는 단어는 하느님이신 예수 그리스도의 신성이 강조된 표현입니다. 두 가지 모두 가능한 해석인데, 비교적 먼저 쓰인 복음서에는 '일으켜짐'이라는 동사가 자주 나타나고, 비교적 후대에 쓰인 복음서에는 '일어남'이라는 동사가 사용됩니다. 초기 교회에서는 예수 그리스도의 참된 신성에 대한 의문과 이단들의 문제 제기가 많아서, 성부 하느님의 주도권과 함께 예수 그리스도의 신성을 강조했기 때문에 두 표현이 함께 사용된 것이 아닌가 싶습니다. 어쨌든, 예수님은 인류 최초로 부활하신 분이라는 사실이 중요합니다.

부활의 의미는 '다시 살아남'이지만, '소생'과는 다릅니다. 심폐소생술을 통해 죽음의 문턱까지 갔던 사람을 다시 살려내는 것을 부활이라고 하지 않습니다. 부활은 '다시 살아남 + 영원한 생명'을 의미하기 때문입니다. 라자로나 과부의 아들은 예수님에 의해 기적적으로 다시 살아났지만 결국 다시 죽었기에, 부활했다고 하지 않습니다. 부활이란 다시 생물학적인 삶으로 돌아가는 것도, 유령처럼 떠돌아다니는 것도 아닙니다. 전혀 다른 몸으로, 사도신경에서 말하는 것처럼 '육신의 부활', 새로운 몸으로의 부활을 이야기합니다.

### 부활의 증거는 무엇일까?

*첫 번째 증거는 제자들의 '증언'입니다.* 부활의 첫 증인인 마리아 막달레나를 비롯해서, 열두 사도, 엠마오로 가는 두 제자(루카 24장), 티베리아스 호숫가의 일곱 제자(요한 21장) 등 많은 사람이 주님의 부활을 이야기합니다. 그리스도인들을 박해하러 가던 중 다마스쿠스에서 부활하신 예수 그리스도를 깊게 체험했던 사도 바오로(사도 9장) 역시 중요한 증인입니다. 참고로, 부활과 관련해서는 여러 시대를 거쳐 다양한 논의와 의견이 있었는데, 그중에서 특이한 논의 중 하나는 예수님의 부활하신 몸에 대한 문제 제기였습니다. 티베리아스 호숫가에서 예수님은 빵과 물고기를 드셨습니다. 중세의 여러 신학자가 여기에 의문을 제기했습니다. 식사를 하신 후에 부활하신 예수님은 화장실(?)을 가셨을까요? 다소 황당한 질문이었지만, 이것은 부활한 육신에 대한 물음이었습니다. 제자들이 위층 방 문을 잠그고 있었을 때 부활하신 예수님이 홀연히 나타나셨던 것처럼, 그리고 빵을 쪼개신 후에 홀연히 사라지셨던 것처럼, 부활한 몸은 시간과 공간의 제약에서 자유롭다고 보아야 합니다.

*두 번째 증거는 '빈 무덤'입니다.* 무덤이 비었다는 사실이 부활의 증거가 될 수 있을까요? 그 사실 자체만으로 충분한 증거가 될 수는 없지만, 부활하셨다면 무덤은 비어 있어야만 합니다. 그래야만 부활을 상상할 수 있습니다. 부활의 필요조건이라고 할 수 있습니다.

## 부활 사건은 역사적 사실일까?

예수님의 부활 사건은 역사적 사건, 즉 실제로 일어난 사건일까요? 역사적 사건이란 시공간 안에서 실제로 발생한 사건을 말합니다. 예를 들어, 예수님이 마리아의 아들로 지상에 태어난 것은 역사적 사실이고, 십자가에 못 박혀 돌아가신 것도 역사적 사실입니다. 부활은 역사적 사건인가요? 한편으로는 그렇습니다. 실제 일어난 사건입니다. 하지만, 다른 한편으로 역사의 시공간을 초월한 사건입니다. 그래서 예수님의 부활 사건을 '역사 안에서 일어난, 역사를 뛰어넘는 종말론적 사건'이라고 규정합니다.

## 부활 사건의 신학적 특성

*첫째, 부활 사건은 인간의 이성으로 이해하기 쉽지 않은 일입니다.* 인간은 이성의 작용을 통해서, 즉 감각적인 경험과 추론을 통해서 인식하고 판단합니다. 하지만, 부활은 인간이 감각적으로 경험할 수 있는 일이 아닙니다. 따라서 인간의 이성을 초월하는 사건입니다.

*둘째, 부활 사건은 종말론적 계시 사건입니다.* '종말'이라는 단어 자체의 뜻은 끝이나 마지막이지만, 신학적인 의미는 '심판'입니다. 그런데 여기서 심판이란 단죄만을 의미하지 않습니다. 믿지 않았고 함부로 살았던 사람들에게 심판은 단죄를 의미하지만, 예수를 그리스도로 믿고 따랐던 사람에게 심판은 구원 내지 영원한 생명을 의미합니다. 다시 말해서, 종말이나 종말론을 그리스도론적으로 해석하면 구

원, 구원론이라는 뜻이 됩니다. 따라서 부활 사건이 종말론적 계시 사건이라는 의미는 믿는 이들의 미래를 예표 해주는 사건, 믿는 이들에 대한 구원 약속입니다. 예수님의 부활이나 성모님의 승천 등은 신앙인들의 미래를 미리 보여주는 사건입니다.

*셋째, 부활 사건은 하느님의 능력과 주도권 그리고 구원 의지를 드러냅니다.* 모든 이를 구원하겠다는 하느님의 보편적 구원 의지는 구약과 신약 전체에 드러나는 가장 중요한 하느님의 계획입니다. 이 계획은 예수 그리스도를 통해서 분명해집니다. 즉 예수 그리스도는 모든 시대, 모든 사람의 보편적이고 유일한 구세주라는 사실이 부활을 통해 분명하게 드러났습니다.

부활 사건과 관련해서 신앙인들에게 가장 중요한 것은 부활을 신학적으로 혹은 머리로 이해하는 것이 아니라 마음으로 믿고 받아들이는 것입니다. 그렇다면 어떻게 부활 사건을 마음으로 받아들이고, 우리 신앙의 중심으로 향하게 할 수 있을까요?

　예수님은 살아생전에 당신이 죽었다가 사흘 만에 다시 살아날 것이라고 제자들에게 여러 번 말씀하셨습니다. 하지만 어느 누구도 예수님이 십자가에서 비참하게 돌아가신 후 그분이 부활하셨을 거라고 기대하거나 예측하지 못했습니다. 모두가 절망했습니다. 그런데 예수님이 돌아가신 후 "주간 첫날 이른 아침, 아직도 어두울 때에"(요한 20,1) 마리아 막달레나는 예수님의 무덤으로 찾아갔습니다. 예수님의 시신이 사라진 것을 확인했고, 제자들에게 가서 이 사실을 알렸습니다. 제자들이 빈 무덤을 확인한 후에 다시 돌아갔는데, 마리아는 계속 무덤 근처에 머물렀습니다. 무덤 밖에 서서 울던 마리아 뒤에 부활하신 예수님이 나타나셨습니다. 그러나 그녀는 예수님이신 줄 몰랐습니다. 아마도 부활하신 육신은 다른 몸, 다른 음성, 다른 모습인 것 같습니다. 그녀는 잠시 예수님과 대화를 나누었지만, 그때까지도 못 알아보다가 어느 순간, 즉 예수님께서 평소 그녀를 부르셨던 것처럼 "마리아야!" 하고 부르셨을 때, 그때 비로소 예수님을 알아봅니다.

　마리아는 왜 어두운 새벽에 예수님 무덤에 갔고, 왜 무덤 곁을 떠나지 않았으며, 왜 "마리아야!"라고 불렀을 때 비로소 예수님을 알아봤을까요? 모든 질문에 대한 답은 '사랑'입니다. 마리아는 예수님의 사랑을 많이 받았기에, 그분이 돌아가신 뒤에도 그 곁에 머물렀습니다. 마리아 역시 예수님을 많이 사랑했기에, 예수님의 외모와 음성은 달라졌지만 평소 자기를 부르시던 모습을 기억하였고 그래서 부활하신 분을 알아볼 수 있었습니다. 부활은 하느님 사랑의 힘이고, 사랑은 부활을 알아보는 힘입니다. 사랑하는 사람은 부활의 의미를 깨달을 수 있습니다. 모든 것이 사라진 듯 보여도 사랑하는 사람은 믿을 수 있고, 희망할 수 있습니다. 믿음·희망·사랑은 항상 함께 하는데, 그중의 제일이 사랑이라고 하는 이유는 사랑은 보이지 않는 것도 볼 수 있게 하기 때문이 아닐까요? 가장 깊은 신비라도 하느님에 대한 사랑이 있다면 믿고 희망할 수 있습니다.

"이 모든 것 위에 사랑을 입으십시오.
사랑은 완전하게 묶어주는 끈입니다"(콜로 3,14).

# 참된 그리스도인

"내가 인간의 여러 언어와 천사의 언어로 말한다 하여도 나에게 사랑이 없으면 나는 요란한 징이나 소란한 꽹과리에 지나지 않습니다." 이 구절은 사랑이 지닌 다양하고 심오한 속성에 대해 이야기하는, 그 유명한 1코린 13장의 시작 구절입니다. 저 역시 '사랑은 … 합니다'라고 반복되는 거의 모든 구절을 좋아하는데, 특히 제 머리와 마음에 기억하고 싶은 구절은 "사랑은 언제까지나 스러지지 않습니다"(13,8)입니다.

바오로 사도는 사랑의 깊이에 대해 서술한 후, 13장을 다음과 같이 마무리합니다. "믿음과 희망과 사랑 이 세 가지는 계속됩니다. 그 가운데에서 으뜸은 사랑입니다." 바로 이 세 가지를 하느님을 향한 세 가지 덕행이라 하여 향주삼덕向主三德이라고 합니다. 신망애信望愛

라고도 표현하고, 예전에는 대신덕對神德이라고 했습니다. 믿음과 희망과 사랑의 세 가지 덕이 주님을 향한 덕이고, 주님께 바쳐야 할 덕입니다. "향주덕의 근원과 동기와 대상은 한 분이시고 세 위이신 하느님이시다"(《가톨릭교회 교리서》 1812항).

이 세 가지 덕은 말 그대로 인간이 구원을 받기 위한 필요조건이자 충분조건이며, 구원을 위해 반드시 갖춰야 하는 '덕' 혹은 '덕성'입니다. 우선 믿음이란 하느님이 인간에게 계시해주신 모든 것을 믿는 것을 말합니다. 하느님과의 관계에서 가장 기초이자 첫출발이 믿음이라고 할 수 있습니다. 그런데 이 믿음은 희망과 사랑에 밀접히 연결되어 있습니다. 하느님에 대한 믿음은 내 삶의 모든 것을 하느님께 희망한다는 것을 의미하고, 하느님을 믿는 사람은 하느님과 인간을 사랑하는 사람이어야만 합니다. 사랑을 실천하지 않는 믿음은 죽은 믿음이라고(야고 2,26 참조) 할 수 있습니다. 그리스도인에게 믿음, 희망, 사랑은 필수 요소입니다.

교회는 참된 그리스도인에게는 구원의 약속이 주어진다고 가르치는데, 구원받기 합당한 참된 그리스도인의 자격과 기준은 무엇일까요? 도대체 누가 구원받기에 합당할까요?

가톨릭교회는 구원받기 합당한 그리스도인의 기준에 대해서 다음과 같이 이야기합니다. 예수 그리스도 한 분만이 유일한 구원의 길이고, 그리스도께서는 당신 몸인 교회 안에 함께 계시기 때문에 구원을 위해서는 신앙과 세례가 반드시 필요하고(마르 16,16; 요한 3,5 참조), 교회에 소속되는 것 역시 매우 중요하다고 강조합니다. "하느님께서 예수 그리스도를 통하여 가톨릭교회를 필요한 것으로 세우신 사실을 모르지 않으면서도 교회로 들어오기를 싫어하거나 그 안에 머물러 있기를 거부하는 저 사람들은 구원받을 수 없을 것이다"(《교회 헌장》 14항). 동시에 교회에 소속되더라도 사랑 안에 머무르지 못하고, 교회의 품 안에 마음이 아니라 몸만 남아 있는 사람은 구원받지 못한다는 것이 가톨릭교회의 가르침입니다. 요약하면, 세례를 받고, 교회에서 신앙생활을 하면서, 사랑을 실천하며 사는 사람은 구원받기에 합당한 사람이고, 이 중에 부족한 점이 있으면 구원에서 멀어질 수 있다는 것이 가톨릭교회의 공식적인 가르침입니다.

가톨릭 신자는 매일 자기 가슴에 '성부와 성자와 성령의 이름으로' 성호경, 즉 십자가를 긋습니다. 우리는 우리 몸에 십자가를 그으며 예수님처럼 십자가를 지고 사는 삶을 살기로 결심하고 기도하는 사람들입니다. 십자가가 무엇입니까? 예수님이 우리 죄를 대신해서 짊어지셨던 것이고, 예수님은 바로 그 십자가에 못 박혀 돌아가셨습니다. 십자가란 인간 삶이 지닌 무게이자 각 개인에게 주어진 삶의 아픔이고 고통입니다. 예수님은 십자가의 고통 한가운데로 걸어가셨고, 그리스도인이란 예수 그리스도와 깊은 관계를 맺고, 예수님처럼 살고자 노력하는 사람입니다. "이제는 내가 사는 것이 아니라 그리스도께서 내 안에 사시는 것입니다"(갈라 2,20). 참된 그리스도인이란 그리스도를 닮은 사람, 닮고자 노력하는 사람입니다. 내 안에 그리스도가 형성될 때까지 믿고, 기도하고, 하느님과 이웃을 사랑하는 사람입니다.

혹시 젊은이와 늙은이를 구별하는 방법을 아시나요? 어떤 기준이 있을까요? 외모나 주름살은 의학의 도움을 조금 빌리면 얼마든지 변형이 가능합니다. 제가 아는 분별 기준은 이렇습니다. 젊은이는 돈이 없어도 즐거운 사람, 늙은이는 돈이 있어도 즐겁지 않은 사람! 제가 신학교에서 신학생들과 살면서 보고 느낀 점은 신학생들은 단순한 것에 기뻐하고 즐거워하고 늘 웃고 다닙니다. 마음이 젊은 사람들은 늘 웃고 떠들며 살고, 별일 아니어도 흥이 나는 것 같습니다. 반대로 마음이 늙은 사람들은 그러지 못합니다.

마찬가지로, 그리스도를 믿는 그리스도인들과 세속에 있는 사람들을 구분하는 방법도 있습니다. 그리스도인들은 가진 것이 없어도, 예수님만 있으면 행복하게 살 줄 아는 사람들입니다. 하느님만으로 충분한 사람을 우리는 그리스도인이라고 부릅니다. 이 세상에 살고 있는 수많은 성직자와 수도자에게는 자신이 가진 재산이 행복의 기준이 아니라, 오히려 그 반대입니다. 성직자와 수도자는 밭에 묻힌 보물을 찾는 사람처럼 하느님을 찾고 발견하는 기쁨을 통해 세상 사는 재미를 느끼는 사람입니다. 성당에 조용히 앉아 있을 때 얼굴이 빛나고, 정성껏 미사를 봉헌할 때 가장 아름답습니다. 간혹 돈이나 세상일에 집착하는 성직자, 수도자들도 있습니다. 그런 사람들의 얼굴을 자세히 보시기 바랍니다. 그 얼굴에서는 기쁨도, 행복도 찾아보기 어렵습니다. 저 역시 세속에 사는 사람들과 똑같은 취미와 관심과 목적을 지닌 성직자와 수도자가 부러웠던 적은 한 번도 없습니다.

교회는 그리스도인답게 사는 방법, 행복하게 사는 길인 향주삼덕, 즉 믿음·희망·사랑을 하느님께서 주신 은총이라고 가르칩니다. 믿음이란 하느님을 알고 신앙을 고백할 수 있도록 하느님이 주신 은총입니다. 신앙을 가진 것이 얼마나 행복한 일인가요! 희망이란 어렵고 힘든 상황에서도 영원한 생명과 하느님을 기대하고 그리워할 수 있는 은총입니다. 사랑이란 하느님을 알고 사랑할 수 있는 은총, 그리고 그 사랑에 머물면서 그 힘으로 이웃을 사랑할 수 있는 은총입니다.

또한, 믿음과 희망과 사랑은 한 인간이, 한 사람의 그리스도인이 하느님을 만나고 구원받기 위해 반드시 필요한 덕목입니다. 다른 이들을 참아주는 것이 사랑이라면, 자신을 참고 견디는 것이 희망이며, 하느님을 참고 기다리는 것이 믿음이라고 할 수 있습니다.

누가 구원받을 수 있을까요? 오직 하느님만이 아시고, 하느님만이 결정하실 수 있는 문제입니다. 하지만, 하느님께서 성경과 교회를 통해서 계시하신 내용, 그리고 그리스도와 그분의 교회를 통해서 가르쳐주신 내용으로 우리는 구원받기에 합당한 사람을 알 수 있습니다. '지복직관'(至福直觀, Visio beatifica), 즉 하느님을 직접 보는 것, 하느님과 얼굴을 마주 대하는 것이 진정한 구원인데, 우리는 예수 그리스도를 통해 하느님을 만날 수 있습니다. 그리고 예수님은 신앙과 세례와 교회를 통해 만날 수 있습니다.

"우리가 지금은 거울에 비친 모습처럼 어렴풋이
보지만 그때에는 얼굴과 얼굴을 마주 볼 것입니다.
내가 지금은 부분적으로 알지만
그때에는 하느님께서 나를 온전히 아시듯
나도 온전히 알게 될 것입니다"(1코린 13,12).

# 구원은 모든 이를 위해? 많은 이를 위해?

2018년 대림 시기부터 미사 중에 사용하는 표현 일부가 바뀌었습니다. 예를 들어, "주님께서 여러분과 함께!"에 대한 응답이 "또한 사제의 영과 함께!"로 바뀌었습니다(그런데, 사제의 '영'만 함께하면, 사제의 '육'은 어떻게 될까요?). 그리고 영성체 직전 사제가 하는 말 중에 "보라!"라는 단어가 "하느님의 어린양" 앞에 다시(!) 등장합니다.

그런데, 특히 눈에 뜨이기도 하고 논란이 있었던 표현이 하나 있습니다. 사제가 빵을 들고 성체를 축성하며 하는 기도 중에, 예전에는 "이는 너희와 모든 이를 위하여 바치는 내 몸이다"라고 했는데, 지금은 "너희와 많은 이를…"이라고 바뀐 부분입니다. "모든 이"와 "많은 이", 과연 신학적으로 그리고 신앙적으로 어떤 것이 더 맞는 표현일까요?

이 문제는 그리스도교의 구원론과 직접 연결되는 내용입니다. 여러분, 그리스도교의 구원은 '포괄적인' 것일까요, 아니면 '배타적인' 것일까요? 정답은, 안타깝게도(?) '배타적'입니다. '그리스도교의 구원은 배타적이다!'라는 표현이 부정적으로 느껴지시나요? 여기엔 설명이 좀 필요합니다.

우리말로 '배타적'이라고 번역되는 영어 단어 exclusive는 크게 두 가지 뜻이 있습니다.

1) 배제하는, 제외하는

2) 독점적, 특권적, 우선적

예를 들어 영어로, 'This is an exclusive hotel'이라고 하면, '이 호텔은 배타적이다' 또는 누군가를 '배제시키는 호텔'이라고 번역하나요? 오히려 그 반대로, 누군가를 위해 준비한 특별한 호텔 즉 누군가에게 독점적인 호텔이라는 의미가 더 맞습니다. 이처럼 '배타적인'(exclusive) 구원이라는 말은 그리스도를 믿지 않는 사람들을 제외하고 소외시키는 의미를 강조하는 것이 아닙니다. 오히려 예수를 그리스도로 믿는 사람들에게 우선적으로, 특별히 그들에게 먼저 구원이 주어진다는 의미입니다. 그리스도인들은 그리스도를 믿기 때문에 우선적인(그리스도를 믿지 않는 이들의 관점에서는 배타적일 수 있는) 특혜가 주어지는 것입니다. 물론 이 특혜는 모든 그리스도인에게 주어진 의무, 즉 온 세상을 구원하기 위한 도구로 쓰여야 한다는 점을 포함하고 있습니다. 우선적 선택을 받은 교회와 그리스도인들은 예수님과 함께, 예수님 안에서, 예수님을 통하여 세상 구원의 도구로 쓰이게 됩니다. 특별하고도 배타적인 구원의 목적은 당연히 온 세상의 포괄적인 구원입니다. 그리고 가톨릭교회가 미사 거행 중에 '모든 이'가 아니라, '많은 이'를 선택하여 사용하는 이유는 예수님께서도 직접 "이는 죄를 용서해주려고 너희와 많은 사람을 위하여 흘리는 내 계약의 피다"(마태 26,28; 마르 14,24 참조)라고 말씀하셨기 때문입니다.

그런데, 왜 하필 예수님은 굳이 '모든 이'가 아니라, '많은 이'라고 하셨을까요? 우선, '많은'이라고 하면 어느 정도를 가리킬까요? 예를 들어, 100억 원은 많은 돈이라고 할 수 있나요? 당연히 저 같은 사람에겐 100억 원이라는 돈은 상상 속에서만 존재하는 단위입니다. 그런데, 지난 2018년 여름, 미국 기업 아마존의 창업자와 이혼한 사람은 위자료로 한국 돈 43조 원을 받았다고 합니다. 그 즉시 절반을 기부했고, 나머지 돈도 자기가 쓸 만큼 쓴 후에 몽땅 기부하겠다고 했답니다. 그 사람에게도 100억 원이 적은 돈은 아니겠지만, 일반 사람들이 느끼는 것처럼 엄청나게 '많은' 돈은 아닐 것입니다. 이처럼 '많은'이라는 개념은 매우 상대적입니다. 동시에 한도 끝도 없다는 개념이기도 합니다. 예수님이 '많은 이를 위하여'(pro multis)라고 표현하신 것은 누군가를 제외하거나 배제하겠다는 의미가 아닙니다. 모든 사람을 향한 구원이지만 강요하거나 자유를 억압하지는 않겠다는 의지의 표현입니다.

예수님이 '모든' 대신에 '많은'이라고 말씀하신 것은 인간의 자유의지라는 주제와 직접 연결되어 있습니다. 하느님이 인간에게 주신 가장 큰 선물 중 하나가 바로 자유입니다. 사랑한다면 반드시 동반되어야 하는 것이 그 사람의 자유를 인정해주는 것입니다. 자유가 없다면 완전한 사랑이 아닙니다. 하느님은 창조된 인간에게 완전한 자유, 전적인 자유를 주셨고, 그래서 인간은 의지적으로 자유롭게 무언가를 선택할 수 있습니다. 심지어 인간은 하느님이 주고자 하시는 구원을 거부할 수도 있습니다. 인간이 자유의지에 따라 구원을 거부할 수도 있다는 것이 말장난 같지만, 이는 하느님 사랑의 가장 깊은 면을 보여주는 것입니다. 만일 인간이 자신의 모든 것을 선택할 권리가 없고, 게다가 중요한 것은 죄다 누군가가 정해준다면, 그런 사람을 자유로운 인간이라고 할 수는 없습니다. 자유가 주어지지 않는다면 인간의 인간다운 삶은 제한됩니다. 때로는 자유가 제한되더라도, 더 좋은 것, 더 중요한 것, 특히 구원에 필요한 것은 강제적으로라도 주어지면 얼마나 좋을까 하고 생각하시는 분도 있을 것입니다. 맞는 생각인가요? 하지만, 구원에 꼭 필요하니 사람들을 억지로, 강제로라도 매주 혹은 매일 미사에 오게 하고, 매일 기도하게 하고, 사소한 죄라도 지으면 아주 강력하게 처벌한다면 어떠시겠습니까? 구원받는 것보다 더 소중한 것은 없기 때문에 인간의 자유는 제한될 수도 있다고 주장하는 사람들이 바로 전체주의이고 각종 사이비 종교들입니다.

그리스도교는 인간에게 구원의 길을 가르치고, 그 길을 가도록 돕습니다. 세례 받고 성체를 모시는 그리스도인들, 그리고 이들 중에 올바르게 사는 사람들은 하느님의 구원을 보증받았습니다. 그들에게 구원을 약속해주시는 분이 바로 예수님이시고, 예수님을 믿는 것이 구원의 길입니다. 예수님의 말씀을 잘 듣고 그 말씀을 마음에 되새기는 사람, 예수님의 몸을 자신 안에 정성껏 모시는 사람은 예수님을 믿는 사람입니다. 그에게 구원은 멀지 않습니다. 구원이란 무엇일까요? 구원이란, 이것 하나만 있으면 살 수 있는 그런 것입니다!

# "진리가 너희를 자유롭게 할 것이다" (요한 8,32)

서품을 받기 전에 사제 후보자는 각자 자신의 성구<sup>聖句</sup>를 정합니다. '서품 성구'는 사제로서 삶의 지침이자 이정표와 같은 것입니다. 저는 요한복음 14,6의 말씀 '길, 진리, 생명'을 서품 성구로 정했습니다.

'길'은 일반적인 '도로'와는 다릅니다. 도로는 인간이 빨리 가기 위해서, 편히 가기 위해서 인위적으로 만든 것입니다. '길'이란 인간이 오랫동안 거쳐 간 흔적이기에 인간의 삶이 깃들어 있다고 할 수 있습니다. 그래서 물이 흐르면 강이 되고, 사람이 걸으면 길이 된다는 옛말이 있습니다.

'진리가 무엇인가?' 하고 본시오 빌라도가 예수님께 물었습니다(요한 18,38). 과연 '진리'란 무엇입니까? 우리는 무엇을 진리라고 하고, 진리가 왜 중요한 걸까요?

'진리'의 그리스어 단어는 'aletheia'(ἀλήθεια)입니다. 여기서 a는 반대를 의미하는 접두사이고, lethe는 망각을 의미합니다. 꽤 오래전, 《레테의 연가》라는 한국 소설도 있었죠. 그리스 신화에 따르면 레테는 망자가 명계冥界로 가면서 건너야만 하는 저승에 있는 다섯 개의 강 중 하나의 이름입니다. 망자는 그 길을 걷다가 레테의 물을 조금씩 마시게 되는데, 강물을 마신 망자는 과거의 모든 기억을 잊게 된다고 합니다. 즉 '레테'란 망각을 의미하고, 진리에 해당하는 'aletheia'라는 단어는 '잊히지 않는 것', '언제나 그대로인 것'을 의미합니다. 따라서 진리란 언제나 어디서나 옳은 것을 말합니다.

인간의 인식 대상에는 상식, 지식, 진리가 있습니다. 상식이란 특정한 시대, 상황, 문화에서 통용되는 것입니다. 수십 년 전 한국에서 여름이 다가오면 보신탕을 먹는 게 상식(?)이었습니다. 하지만 이것은 오늘날 한국에서 더 이상 상식이 아닙니다. 다음으로 지식은 일반적으로 학문이나 과학을 통해 검증된 사실입니다. 그런데 중세의 학문적 사고를 통해 인정한 지식과 오늘날 인정되는 과학적인 지식은 분명히 다릅니다. 또한 미래 사회에 우리가 인정하는 과학적 지식은 지금과는 다를 수 있습니다. 하지만, 상식이나 지식이라는 개념과 달리 진리는 언제나, 어디서나, 누구에게나 옳은 것을 말합니다.

본시오 빌라도가 물었을 때 예수님은 바로 대답하지는 않으셨지만, 평소에 분명 '나는 진리이다'(요한 14,6)라고 말씀하셨습니다. 예수님이 말씀하신 진리란 무엇일까요? 진리는 언제나, 어디서나, 누구에게나 옳고 바른 것입니다. 이런 것이 있을까요? 네, 있습니다. 바로 하느님이십니다. 하느님은 보편적이고 유일한 진리입니다. 그리고 하느님은 당신 말씀을 통해서 인간에게 당신을 알려주시고, 전달하시며, 구원으로 이끄십니다. 하느님의 말씀, 즉 성자 예수 그리스도는 진리이십니다. 신학적으로 표현한다면, 예수는 '육화된 진리', 인간이 되신 하느님 말씀이십니다.

"진리가 너희를 자유롭게 할 것이다"(요한 8,32). 하느님께서 인간을 창조하실 때 인간 안에 불어넣어 주신 하느님의 숨(영, 정신)을 통해서 인간은 하느님을 닮은 존재가 되었습니다. 영적이고 정신적인 인간 존재의 가장 깊은 본질은 자유입니다. 인간은 하느님으로부터 완전한 자유를 선물로 받았고, 이 자유의지를 통해 자기 삶을 선택할 수 있습니다. 하지만, 인간은 불순종이라는 원죄 때문에 순수한 최초의 영혼이 손상되었기에, 스스로의 힘만으로는 한계가 있습니다. 하느님의 은총과 도움이 있어야 인간은 회복되고 완성될 수 있습니다. 하느님의 힘과 영과 말씀을 통해서 인간은 온전한 구원에 이를 수 있습니다. 진리이신 하느님의 말씀이 인간을 자유롭게 할 수 있고, 인간을 죄로부터 해방시킬 수 있습니다. 오직 진리이신 하느님의 말씀이 인간을 구원으로 이끌 수 있다는 것이 그리스도교의 가르침입니다.

복음 말씀을 읽으실 때는 항상 전후 맥락을 잘 보셔야 합니다. 전후 맥락에 해당 내용에 대한 보충이자 구체적인 방법이 함께 제시되는 경우가 많기 때문입니다. 예를 들어, '진리가 인간을 자유롭게 한다고 했는데, 구체적으로 어떻게 해야 그 진리를 만나고 깨달을 수 있을까요? 요한복음 8,31-32의 내용은 다음과 같습니다. "너희가 내 말 안에 머무르면 참으로 나의 제자가 된다. 그러면 너희가 진리를 깨닫게 될 것이다. 그리고 진리가 너희를 자유롭게 할 것이다." 즉 자유롭기 위해서는 진리를 깨달아야 하고, 진리를 깨닫기 위해서는 예수님의 제자가 되어야 하고, 제자가 되기 위해서는 예수님의 말씀 안에 머물러야 한다는 것이 예수님의 가르침이고 성경의 증언입니다. 진정한 자유, 즉 인간의 구원은 예수님 안에 머물러야 가능합니다. 예수님 안에 머문다는 것은 예수님 말씀을 자주 듣고, 머리와 가슴에 잘 새겨두고, 무엇보다 예수님의 몸을 내 안에 모시고, 예수님과 일치를 이루는 것입니다. 신앙생활이란 내가 내 힘으로 무엇을 하는 것이 아니라, 하느님께서 내 안에서 무엇인가를 하시도록 조용히 머물고 협조하는 것입니다. 인간은 한편으로는 위대한 능력을 가진 것 같지만, 다른 한편으로는 자기 머리카락 한 올 검거나 희게 할 수 없는 힘없고 약한 존재이며, 언제나 죽음을 앞두고 있는 존재입니다.

"삶은 낯선 여인숙에서의 하룻밤과 같다." 아빌라의 데레사 성녀가 하신 유명한 말씀입니다. 이는 지혜서 5,14의 "단 하루 머물렀던 손님에 대한 기억"이란 구절에서 나온 말입니다. 이 구절이 의미하는 바는 매우 다양하지만, 이 말씀을 통해서 통찰하고 자각하게 되는 것은 인간 삶이 순간이고, 찰나刹那이며, 금방 사라진다는 사실입니다. 이 말씀은 인간 삶이 속절없이 허무하다는 주장인 동시에 하느님의 영원하심을 잊지 않아야 한다는 말입니다. 하느님께서는 '천 년도 지나간 어제와 같다'(시편 90,4)는 사실을 잊지 말고 머리와 마음에 새겨야 합니다. 하느님은 영원하시고, 변치 않으시며, 한결같으신 분입니다. 하느님의 말씀은 언제나 진리이고, 바로 그 말씀이 사람이 되시어 우리 가운데 계신 분이 우리에게 참된 진리를 보여주고 가르쳐주셨습니다. 예수 그리스도가 바로 인간을 구원으로 이끄는 길이고 진리입니다. 이분 안에 우리 삶의 길과 목적에 대한 답이 있습니다.

*"주님, 저희가 누구에게 가겠습니까?*
*주님께는 영원한 생명의 말씀이 있습니다"*(요한 6,68).

# 다른 종교를 통해서도 구원이 가능한가?

고대 그리스의 철인哲人 아리스토텔레스는 《수사학》에서 타인을 설득하기 위해 필요한 세 가지 기술을 제시했습니다. 로고스(*Logos*), 파토스(*Pathos*), 에토스(*Ethos*)입니다. '로고스'는 이성, 즉 논리적 능력을 말합니다. 상대방과 대화하고 설득하기 위해서 가장 기본이 되는 것은 합당한 근거와 논리입니다. 논리적이고 합리적이지 않으면 대화를 이어가는 것 자체가 불가능합니다. 하지만, 논리적으로 말만 잘한다고 해서 상대방을 진정으로 설득할 수는 없습니다. 아무리 좋은 말이라도 무미건조하거나 진심이 전해지지 않는다면 그 말을 통해 누군가를 설득하기 어렵습니다. 즉, 논리적인 말에 더해져야 할 사항이 바로 열정적인 태도, '파토스'입니다. 여기서 말하는 열정은 단순히 나의 적극적인 감정만을 의미하는 것이 아니고, 상대방에 대한 배려와 공감 능력도 포함한 것입니다. 하지만 만일 누군가 말도 논리적으로 잘하고, 상대방을 배려하면서 재미있게 대화를 이어나가지만, 그 사람의 말이 도덕적으로나 윤리적으로 흠결이 있다면 그 말에 마음이 움직이기는 쉽지 않을 것입니다. 즉 로고스와 파토스와 더불어 필요한 또 하나가 바로 '에토스'입니다. 신뢰할 수 있는 진실함이 동반되지 않는다면 잠깐은 눈속임이 가능하겠지만, 오래가지 못할 것입니다. 이처럼 인간관계나 세상사에서 기본적으로 로고스, 파토스, 에토스가 있다면 보편적인 의사소통이 가능합니다.

보편적인 의사소통은 매우 중요합니다. 보편적으로, 상식 안에서, 합리적으로, 어느 시대 누구나 공감할 수 있는 방식으로 의사소통하는 것은 반드시 필요합니다. 보편성은 매우 중요합니다. 가톨릭(Catholic)교회를 '보편'(catholic) 교회라고 하는 데는 다 이유가 있습니다. 하느님은 보편적인 분이고, 하느님이 창조하신 이 세상도 보편적 특성을 지닙니다. 불교의 부처님이 하느님이 창조하신 보편적인 세상을 보고 큰 깨달음을 얻은 것처럼, 보편적인 방식으로 접근한다면 세상 만물을 통해서 하느님을 알 수도 있습니다.

그리스도교가 아닌 다른 종교에서도 구원이 가능한지에 대해 많은 분이 궁금해하며 질문하십니다. 다른 종교를 믿는 사람도 구원받을 수 있을까요? 이 문제에 대한 가톨릭교회의 공식적인 답변을 아는 것이 중요하겠지요.

구원 문제와 관련해서 가톨릭교회의 입장은 분명합니다. 성부 하느님께서는 모든 인간의 구원을 바라시기에, 당신의 외아들 성자 우리 주 예수 그리스도를 인간에게 보내주셨습니다. 예수님은 인간과 함께하시는 동안 하느님 나라의 복음을 선포하셨고, 당신 뜻을 이루기 위해서 이 땅에 교회를 세우셨습니다. 열두 사도 안에, 베드로 사도 위에! 예수님께서 선택하고 파견하셨으며 성령을 통해 이끌어 주신 사도들은 그리스도의 교회를 유지하고 발전시키며 하늘 나라의 복음을 이 세상에 전달하고 있습니다. 교회는 자신이 먼저 구원의 대상이 되는 동시에 구원의 도구가 됩니다. 따라서 그리스도교는 구원의 보편적 성사입니다. 그리스도교 이외의 방법을 통해서도 하느님은 인간을 구원으로 이끌고 계실까요? 네! 그리스도교 이외에도 구원받을 방법이 있고, 교회 밖에도 구원의 가능성이 있다고 가톨릭교회는 답합니다. 하느님이 창조하신 세상 안에 하느님의 숨결과 은총이 언제나 함께하고, 성령은 교회 밖에서도 활동하고 계시기 때문입니다. 만일 다른 종교가 보편적인 내용과 형식을 갖추고 있다면 그 종교에도 분명 하느님의 구원 은총이 함께할 것입니다. 이것이 가톨릭교회의 공식적인 입장입니다.

그런데 만일 타 종교에도 구원의 길이 있다면, 우리는 왜 굳이 선교를 해야 하고, 왜 굳이 성당에 다녀야만 하고, 주일마다 미사에 나가야 하느냐고 물을 수 있습니다. '꼭 그리스도교 신자가 아니어도 되는 것 아닌가?' '주일에 미사 가는 대신 그 시간에 봉사 활동을 하거나, 심신의 안정을 위한 취미 생활을 해도 되는 것 아닌가?' 여러분은 어떻게 생각하십니까? 꼭 그리스도교이어야 합니까? 꼭 가톨릭교회에 다녀야 합니까? 꼭 미사 가서 성체를 모셔야만 하는 건가요? 이 문제에 대한 가톨릭교회의 답변 역시 "네!"입니다.

가톨릭교회의 가르침은 분명합니다. 그리스도인에게는, 즉 예수 그리스도를 믿고 따르고, 그래서 착하고 바르게 사는 사람들에게는 구원의 보증과 확증이 주어집니다. 교회를 통해서, 교회의 성사들을 통해서 우리는 하느님의 은총을 얻고, 구원을 미리 맛보게 됩니다. 그리스도인들은 하느님 앞에서 특별한 존재입니다. "그분께서는 당신을 받아들이는 이들, 당신의 이름을 믿는 모든 이에게 하느님의 자녀가 되는 권한을 주셨다"(요한 1,12). 우리가 세례 받은 그리스도인이라는 사실에 자부심을 가지셔도 됩니다.

물론 하느님은 아직 세례 받지 않은 사람들이나, 이미 다른 종교를 가진 사람들도 잊지 않으시고 구원으로 이끌고자 하십니다. 아직 세례 받지 않았고, 교회도 안 다니는데, 그들은 어떤 방법으로 구원될 수 있을까요? 가톨릭교회는 다음과 같이 답합니다. "자기 탓 없이 그리스도의 복음과 그분의 교회를 모르지만 진실한 마음으로 하느님을 찾고 양심의 명령을 통하여 알게 된 하느님의 뜻을 은총의 영향 아래에서 실천하려고 노력하는 사람은 영원한 구원을 얻을 수 있다"(《교회 헌장》 16항). 복음과 교회를 모르는데 어떻게 구원될 수 있는가에 대해서 가톨릭교회는 '하느님만이 아시는 방법으로'(《선교 교령》 7항) 가능하다고 답합니다. '하느님만이 아시는 방법'은 구체적으로 어떤 방법일까요? 말 그대로 오직 하느님만이(!) 아시는 방법이라서 인간은 알 길이 전혀 없습니다. 그리스도교는 언제나 모든 구원은 오직 예수 그리스도를 통해서만 가능하다고 이야기합니다. 하지만 예수 그리스도의 십자가 구원 사건은 수많은 사람을 위한 것이고, 구원으로 이끄는 하느님의 은총은 타 종교와 문화 안에도 존재한다는 것이 가톨릭교회의 공식 입장입니다(〈교회 헌장〉 16항; 〈비그리스도인 선언〉 2항 참조). 창조를 통해 전해진 은총, 그리고 인간 내면 안에 주어진 은총 등이 인간을 구원으로 이끌 수도 있다는 가르침입니다.

'교회 밖에는 구원이 없다'(Extra Ecclesiam nulla salus)라는 표현을 달리 해석하면 교회 안에는 분명 구원이 있다는 뜻입니다. 이 말은 당시 급격한 교세 확장의 과정에서 벌어진 혼란, 배교자 증가, 어중이떠중이(?) 신자들 증가 등의 문제에 직면한 초기 그리스도교에서, 교회의 중요성을 강조하기 위해 사용한 표현이었습니다. 초기 교회 교부인 치프리아누스 성인과 아우구스티누스 성인이 이 말씀을 하셨는데, 교회를 분열시키려는 움직임 등에 대해 엄중히 경고하고, 교회의 일치를 강조하는 의미가 컸습니다. 교회 밖의 사람들에게 하는 말이기보다, 우선적으로 교회 내의 사람들에게 흔들리지 말고 교회 안에 머물라고 강조하는 말이었습니다. 오늘날 가톨릭교회는 더 이상 교회 밖에는 구원이 없다고 주장하지 않습니다. 오히려 중세 시대에 '교회 밖에는 은총이 없다'라고 주장(얀세니즘)했던 일부 극단적인 사람들을 이단으로 단죄하였습니다.

예수님은 '믿고 세례를 받는 사람'은 구원받지만, '믿지 않는 사람'은 단죄받을 것이라 말씀하셨습니다. 그러니 세례 여부로 단죄 여부가 결정되지는 않을 듯합니다. 그리고 예수님을 믿는다는 것 역시 세례 받고 교회에 다니는 것처럼 명시적인 차원이 있지만, 또한 함축적이고 개인적인 차원도 가능할 수 있습니다. 이는 〈교회 헌장〉 16항이 증언하는 것처럼, 비록 복음과 교회를 모르지만, 양심에 따라서 하느님의 뜻대로 살려고 노력하는 사람을 하느님께서는 절대 그냥 버려두지 않으실 거라는 믿음에서 기인합니다. 가톨릭교회는 타 종교의 구원 가능성을 인정하는 동시에, '진리의 위계'에 대해서도 명확히 언급합니다. 구원으로 이끄는 힘은 그리스도교에 주어진 것과 다른 종교에 주어진 것이 같지 않고, 말 그대로 진리와 구원의 요소에는 '위계'가 있다는 것입니다. 즉 그리스도가 지닌 구원의 보증과 확증, 그리고 타 종교들에게 주어진 구원의 가능성은 분명 차이가 있다는 것입니다. 세례를 통해 교회에 소속되어서 신앙생활을 열심히 하는 사람에게는 구원이 보증된다는 것이 가톨릭교회의 가르침입니다.

# 이단과 사이비

토요일 늦은 밤에 제가 재미있게 보는 방송 프로그램이 있습니다. [그것이 알고 싶다]인데, 흥미로운 내용도 있고 악몽을 유발하는 섬뜩한 내용도 있습니다. 그 프로그램을 보면서 '우리나라에 끔찍하고 잔인한 사건이 이렇게 많구나'라는 생각도 했습니다. 그런데, 전문가들의 의견에 따르면 우리나라는 상대적으로 강력범죄 비율이 높지 않고, 또 검거율도 매우 높은 편이라고 합니다. 오히려 사기 관련 범죄가 많다고 합니다. 우리나라에 사기 범죄가 많은 이유가 뭘까요? 적잖은 사람들의 마음이 사기당하기에 알맞은(?) 상태라서 그런 것이 아닐까 싶습니다. 인생을 한 방에 역전시키고 싶은 마음, 일확천금을 노리는 마음, 뭔가 대단한 것을 찾는 마음 등등이 너무 간절한 것은 아닌지 모르겠습니다. 잘살고 싶은 마음은 누구나 갖는 공통된 마음이기는 하지만, 갑자기 좋아지고, 큰 거 한 방에 역전하고, 누구처럼 되고 싶고…, 이런 마음에 현혹되는 순간 결국 우리 삶은 더 힘들어질 수밖에 없고, 누군가의 달콤한 유혹에 쉽게 빠지게 됩니다.

이런 과장되고 허황된 욕망은 종교를 대하는 태도에서도 비슷하게 드러납니다. 흔히 이단과 사이비라고 하는 종교들은 이런 인간 마음의 틈을 잘 비집고 들어옵니다. 두 가지는 비슷하지만 약간 다릅니다. 먼저, 이단(異端, hairesis)은 원래는 그리스도교이지만, 그리스도교의 정통 교리를 자의적으로, 자기 맘대로 해석하고 자기 목청껏 떠드는 경우입니다. 이단의 구체적인 이름을 거론하면 저를 바로 명예훼손으로 고발할 수 있기에 이곳에 구체적인 이름을 쓸 수는 없지만, 우리 주위에 수많은 이단이 있다는 것을 여러분도 잘 아시리라 믿습니다. 예를 들어, 본인이 '재림 예수'라고 주장하거나, 성령(파라클리토스, 협조자, 보혜사 등)께서 자신을 보내셨다고 주장하는 경우 거의가 이단이라고 보면 맞습니다. 또 다른 결정적인 이단의 특징은 세상 종말의 시간을 자신이 안다고 주장하는 경우 혹은 오직 자기 교회에 나와야만 구원을 받을 수 있다는 황당하고도 거짓된 주장을 하는 경우입니다. 사이비(似而非)는 사이비 종교 또는 유사종교(類似宗教)를 말합니다. 즉 그리스도교는 물론 여기저기 종교와 문화에서 온갖 좋은 것을 다 가져다가 마치 종교처럼 포장해놓은 것이 사이비 종교입니다. 외적으로는 종교처럼 보이지만, 실제로는 종교의 본질, 예를 들어 절대자·교리·경전·예배 양식 등이 어설픕니다. 때로는 반사회적이고 반윤리적인 모습을 보이기도 합니다.

한국인은 종교성이 매우 풍부한 민족입니다. 예전에는 아주 작은 마을에도 사당이나 성황당이 다 있었고, 무당은 굿판을 열거나 길흉화복을 점치는 것은 물론이며, 사람들의 마음을 치유하고 때로는 상담자 역할을 하고 때로는 정보 공유의 중심 역할을 하기도 했습니다. 그런데 그 많던 무당은 다 어디로 갔을까요? 마을의 사당이나 성황당이 있던 자리에는, 오늘날 빨간색 십자가가 자리하고 있습니다. 작은 마을이라도 교회 하나쯤은 다 있습니다. 지금은 그 교회들이 마을 공동체의 중심 역할을 합니다. 대부분의 교회는 그 지역 공동체에 긍정적인 역할을 담당하고 있습니다. 이에 비해 천주교는 상대적으로 숫자가 적습니다. 서울과 같은 대도시에는 비교적 많이 있지만, 지방이나 작은 동네에는 천주교회가 많지 않습니다. '성당'(기도하고 미사에 참례하기 위해 모이는 장소) 혹은 '본당'(성당, 교회 등과 거의 같은 용어이지만 보통 본당 신부가 사목하는 공동체를 말함)에는 상주하는 사제가 있어야 하는데, 사제의 숫자가 아직(그리고 앞으로도) 충분하지 않기 때문입니다.

아무튼 종교적 심성이 매우 강한 우리나라 사람들에게 종교는 늘 중요한 자리를 차지해왔는데, 사람들의 이러한 심성을 파고드는 그리스도교 이단들과 사이비 종교들이 요즘 어느 때보다 활개를 치고 있습니다. 과학이 발달하고, 고학력인 우리 사회에 왜 이런 현상이 일어날까요? 아마도 요즘 우리 삶이 많이 편리해지고 윤택해지기는 했지만, 상대적으로 더 행복해지거나 더 만족스러워지지 않은 탓도 큰 것 같습니다. 소외감, 즉 다른 사람들은 다 행복한 것처럼 보이는데, 지금 나만 외로운 것 같고 나만 힘든 것 같은 마음을 지닌 사람들에게 이단의 손길과 유혹은 아주 달콤하게 다가오고, 그래서 마음이 쉽게 열리는 것 같습니다.

### 어떻게 하면 이단에 빠지지 않을 수 있을까?

사실 이단의 유혹자가 철저한 준비와 작정을 하고 다가온다면 한 개인이 올바르게 식별하고 적절하게 대처하기가 쉽지 않습니다. 악의 손길과 유혹은 언제나 겉으로는 달콤하고 빠져들 수밖에 없는 매력이 있습니다. 그러므로 한 개인이 식별하고 이겨내는 것이 쉽지 않습니다. 악에는 함부로 맞서지 마시기 바랍니다. 악은 우리 생각보다 더 강력합니다. 그래서 평소 교회의 가르침을 잘 기억해야 합니다. 모든 이단은 논리적 모순을 함축하고 있습니다. 그리고 문제가 생겼을 때에는 교회와 사목자에게 도움을 청해야 합니다.

이단에 빠지지 않기 위해서는 교회의 전통적인 가르침, 즉 그리스도교에서 가장 중요한 기준이자 절대 바뀔 수 없는 내용을 먼저 알고, 그 기준에 따라 생각하고 판단해야 합니다. 그리스도교 교회의 가장 중요한 기준이 무엇인가요? 만일 그리스도교 교회라면 절대로 달라지거나 바뀔 수 없는 사실, 절대적인 기준이 무엇인가요? 그것은 바로 '예수가 그리스도이시다!'입니다. 요한 20,31에 나오는 것처럼 예수님께서 메시아이시고 하느님의 아들이며 구세주이심을 믿고, 오직 그분의 이름으로 영원한 생명을 얻는 것이 그리스도교입니다

다. 만일 누군가 예수는 그리스도가 아니라고 주장한다면, 예를 들어 예수님의 구원 사업이 실패했다거나, 그래서 보혜사(保惠師) 성령이 자신을 보냈다고 주장하거나, 성령의 가르침이라 주장하면서 성경이나 신앙의 내용을 자기 맘대로 해석하는 경우, 성경의 특정한 내용을 교회의 전통적인 가르침이 아니라 한 개인이 자의적으로 해석하는 경우 등이 대표적인 이단의 특징입니다.

이단이 생겨나고, 모든 이단의 창시자들이 거짓된 주장을 하는 이유가 있습니다. 그 이유는 다양하지만, 공통적인 이유는 바로 성령을 빗맞아서(!) 입니다. 거의 모든 이단의 창시자들은 대단히 열성적이고, 엄청난 신심을 가졌습니다. 오직 신앙에 열심인 사람 중에서, 신앙의 진리를 일부분만, 즉 자기가 보고 싶은 것에만 집중하고 열중하는 사람들이 이단이 됩니다. 사실 지나치게 열성적인 사람이 아니라면 굳이 그 어려운 성경을 자기 마음대로 해석하려고 노력하지도 않습니다. 매우 열렬한 신심을 가졌지만, 단지 자기 생각과 고집으로만 열심이기에, 그리스도교 진리의 올바른 내용을 제대로 이해하지도 못하고, 가르치지도 못합니다.

지금 당장 세상을 바꾸고, 자신의 처지를 바꾸고 싶은 마음이 강한 사람은 이단에 빠질 위험이 큽니다. 반대로, 지금 주어진 현실의 삶을 부정하고 오직 죽은 다음의 영생에만 관심을 갖는 사람도 이단에 빠질 위험이 높습니다. 구원을 지나치게 현세화하거나 지나치게 내세화하는 것이 이단의 특징입니다. 구원은 인간이 맘대로 가지거나 택할 수 있는 것이 아닙니다. 하느님 뜻대로, 그리스도를 통하여, 성령의 도움으로 가능한 것입니다. 하느님의 아들이신 성자 예수 그리스도께서 직접 세우시고, 지난 2천 년 동안 삼위일체 하느님의 은총을 보존하고 간직해온 그리스도의 교회인 가톨릭교회를 잘 따라오시기 바랍니다. 사실 우리 가톨릭교회는 좀 따분해 보일 수 있습니다. 사람들이 듣고 싶은 말을 해주는 곳이 아니라, 사람들이 들어야 하는 말, 하느님 말씀을 전하기 때문입니다. 좋은 약은 입에 쓰지만 몸에는 이롭고, 바른말은 귀에는 거슬리지만 삶에는 이롭다는 격언처럼, 달콤한 유혹의 말을 피하고 우리 삶에 진정으로 유익이 되는 말로 귀와 마음을 향해야 합니다.

## 알고 싶은 가톨릭 신학 I
가톨릭 신자들을 위한 교리서

서울대교구 인가 2020년 6월 12일
초판 1쇄 펴낸날 2020년 8월 15일
4쇄 펴낸날 2024년 3월 5일
지은이  조한규
펴낸이  나현오
펴낸곳  성서와함께
        06910 서울특별시 동작구 흑석로13길 7
        Tel: (02) 822-0125~7/ Fax: (02) 822-0128
        http://www.withbible.com
        e–mail: order@withbible.com
등록번호 14-44(1987년 11월 25일)

ⓒ 조한규 2020
성경 · 전례문 · 교회 문헌 ⓒ 한국천주교중앙협의회, 2020.


ISBN  978-89-7635-364-1   93230

* 이 책에 실린 내용은 펴낸이의 허가 없이 전재 및 복제할 수 없습니다.